COLLECTION FOLIO

Marcel Conche

Épicure en Corrèze

Gallimard

Ce livre est issu de conversations
avec Catherine Portevin, que je remercie ici.

Marcel Conche est philosophe et membre correspondant de l'Académie d'Athènes. Professeur émérite à la Sorbonne, spécialiste, en particulier, d'Épicure, lu par des générations d'étudiants, il est l'un des philosophes à la fois les plus classiques et les plus originaux de notre époque. Il a reçu le prix Langlois de l'Académie française pour sa traduction des *Fragments* d'Héraclite, et le Grand Prix Moron de l'Académie française pour l'ensemble de son œuvre.

Nous sommes nés une fois, il n'est pas possible de naître deux fois, et il faut n'être plus pour l'éternité : toi, pourtant, qui n'es pas de demain, tu ajournes la joie ; la vie périt par le délai, et chacun de nous meurt affamé.

ÉPICURE

Avant-propos

Épicure en Corrèze : ce titre n'est pas de moi mais de mon éditeur. Je n'aurais jamais osé me comparer à Épicure. Pourtant ce titre n'est pas faux. Ma philosophie est différente de celle d'Épicure, mais ma manière de vivre est semblable à celle des disciples qui entouraient Épicure en son « Jardin ». Né sans doute à Samos (de colons athéniens), Épicure a vécu à Athènes où, en 306 av. J.-C., il a fondé son école appelée « Jardin » (*Kèpos*). C'était une vaste résidence privée où disciples et familiers formaient autour du « guide » une communauté n'entretenant que peu de contacts avec l'extérieur. Du fait de mon indépendance d'esprit, aurais-je pu être un disciple ? J'en doute, mais j'aurais aimé être un auditeur. Or les épicuriens vivaient très simplement, se bornant à la satisfaction des désirs qu'ils disaient « naturels », et c'est par cette volonté de vie simple et de respect de la nature que je leur ressemble.

En ce sens, c'est l'esprit d'Épicure que je fais revivre en Corrèze, dans cette maison — « la Maisonneuve » — qui fut celle de ma première enfance, et que j'ai retrouvée en juillet 2009, à mon retour de Corse. Car ce que j'ai retrouvé aussi, c'est l'esprit des lieux — champs, prés, vignes, où mes parents, leurs parents, moi-même, avons travaillé, maison que nous avons habitée —, et cet esprit consonne avec celui d'Épicure. Il dit la vie rustique, proche de la nature et de la terre. Mais cette simplicité de vie, alors vécue par nécessité, je veux la vivre par choix : non pas être à la remorque du progrès, mais rester sur place en le laissant aller. Épicure pensait qu'en son temps, l'état de la civilisation était suffisamment avancé afin que l'on ait tout ce qui est nécessaire pour être heureux, et donc que l'on pouvait, chacun pour soi, arrêter la marche du progrès. Or ce qui était vrai à l'époque d'Épicure l'est encore plus aujourd'hui où, dans nos pays, la plupart des gens ont ce qu'il faut pour être heureux — s'ils savent vivre en philosophes. Pour cela, une seule condition est nécessaire : stopper notre dépendance à l'égard du progrès, mettre fin à notre envie de bénéficier des innovations qu'il apporte. C'est ce à quoi je m'évertue. Mais ce qui était facile au temps d'Épicure ne l'est plus aujourd'hui. On peut vivre sans four à micro-ondes mais pas sans téléphone (il faut pouvoir composer le 15). Les apports des avancées technique et technologique nous sont devenus essentiels (perdu dans la campagne, que ferais-je sans ma Clio ?). L'être humain est entraîné par le Fleuve, il ne peut rester sur la berge. Demeure l'inspiration que l'on doit à Épicure : renoncez, nous dit-il, à ce qui n'est pas indispensable — four à micro-ondes, lave-vaisselle, appareil photo numérique, smartphone, e-mails, journaux, télévision, voyages touristiques polluants pour la planète, etc. C'est ce que je fais.

I

Les jeunes filles et la chèvre

J'entends le souffle du vent qui secoue les volets dans ma chambre d'enfant. J'ai 5 ans. Ma grand-mère Marie, tout près, sommeille. La maison est grande, les pièces sont immenses, pleines de vide : mes tantes, sœurs de ma mère, ne sont plus là — l'une est à Paris, l'autre a épousé mon père. Ma grand-mère Marie m'entoure d'un amour protecteur sans faille. Mais qui va me parler ? « Personne », dit le Vent. Le Vent me confirme dans ma solitude, mais pas méchamment. Il secoue les volets — « Je suis là » — mais ne les casse pas. C'est plutôt un ami. Quand on n'a pas d'ami, malgré tout il en faut un ! Alors pourquoi pas le Vent ? J'aime qu'il ne me laisse pas seul avec le Silence — ce silence dont il y a toujours bien assez pour moi.

Je me suis voué à la philosophie dès mon

plus jeune âge, sans doute dès 6 ans, lorsque je me suis aventuré jusqu'au grand tournant, sur la route longeant le pré que mon père était en train de faucher, pour savoir si le monde continuait après. Depuis, j'ai toujours eu dans l'esprit des questions de cette nature : « Pourquoi le monde existe ? Et moi, pourquoi j'existe ? Le monde, est-il fini ou infini ? » Bien de jeunes enfants se posent pareilles questions, mais par la suite ils songent à autre chose, comme trouver du travail ou faire la cour à des personnes d'un charme particulier — ou même d'un charme ordinaire !... Tandis que ces questions ont rempli ma vie, mue par une unique passion pour cette maîtresse qui ne vous trahit jamais : la philosophie. Descartes avait beaucoup de tendresse pour Mme du Rosay mais, lui dit-il un jour, si belle fût-elle, sa beauté ne pouvait pas être comparée à la beauté de la Vérité — qu'il comptait atteindre par la philosophie.

Comment un philosophe a-t-il pu surgir des buissons corréziens ? À présent que je suis revenu ici à la Maisonneuve, la maison de mon enfance à Altillac, peut-être l'explication apparaîtra-t-elle si je conte avec quelques détails en quoi ma vie fut à la fois vie ordinaire et vie philosophique.

Il se trouve que je suis né un 27 mars. Descartes est né un 31 mars, il a été baptisé un 3 avril. Moi aussi. Il a perdu sa maman peu de temps après. Moi aussi. Il a eu une nourrice qu'il affectionnait, il lui a gardé sa gratitude et il lui a assuré une rente viagère jusqu'à la fin de ses jours. Il conservait toujours sur lui un extrait de baptême comme certificat de son christianisme. En ce qui me concerne, je serais bien en peine de produire un « certificat de mon christianisme »... mais je pourrais peut-être demander mon extrait de baptême à la paroisse d'Altillac, car je serais curieux de connaître mon parrain et ma marraine.

Ayant perdu ma mère, j'ai quitté la maison de mon père, qui n'est située qu'à quelques centaines de mètres plus bas, pour être recueilli ici, à la Maisonneuve, par ma grand-mère maternelle Marie. J'ai été materné et élevé par elle, et les deux sœurs de ma mère : Alice avait 22 ans et Gabrielle, qu'on appelait Pauline, 18. Je ne les prenais pas au sérieux. Je ne prenais au sérieux que « Maman Marie »... J'ajoutais « Marie » car j'avais bien conscience que ce n'était pas ma vraie mère. Nous allâmes un jour chez nos cousins de Brive et, durant tout le trajet, je pleurai, je criai, réclamant « Maman Marie ». Chez nos cousins, je fus insupportable. On me remisa dans l'escalier où je criais toujours. Alors, une fillette à peu près de mon âge s'approcha, posa sa main sur mon bras et mes sanglots s'arrêtèrent aussitôt. Elle se prénommait Lucette. Vers l'âge de 15 ans, je suis tombé amoureux de la fille de l'instituteur. Elle avait un visage chiffonné mais elle s'appelait aussi Lucette. Cet amour a duré longtemps et je n'ai jamais osé lui adresser la parole. Durant toute ma vie, Lucette a représenté pour moi un rêve. Je m'intéressais à ce qu'elle devenait. Je savais qu'elle avait passé brillamment le concours des bourses, auquel j'avais échoué misérablement. Vers l'âge de 80 ans, aux alentours de 2002, j'ai eu envie de la retrouver. Par chance, une attachée de presse de la maison Albin Michel, où André Comte-Sponville et moi venions de publier un livre intitulé *Confession d'un philosophe*, s'est révélée être parente de Lucette. Je lui ai donc écrit, lui proposant de venir me voir à Treffort, le village dans l'Ain que j'habitais avec mon épouse depuis ma retraite (mon épouse est décédée en 1997). Lucette est arrivée. Elle avait passé sa vie dans les bureaux de la SNCF et parlait très savamment des problèmes syndicaux. Et puis elle est repartie avec une question : « Je vous ai déçu, n'est-ce pas ? » Bien sûr, je n'allais pas lui dire que c'était le cas. Seulement voilà : ce rêve qui était Lucette s'est effondré ce jour-là et je n'y ai plus repensé.

Le père des deux sœurs de ma mère était mort en 1916. Il était rentier mais il avait laissé très peu d'argent. De sorte que Marie et les deux jeunes filles s'étaient installées couturières. Marie faisait la coupe, Pauline le surfilage — ce qui empêche le tissu de s'effilocher — et Alice les finitions. Elles vendaient donc des vêtements, confectionnés selon la mode de Paris car elles recevaient des journaux de la capitale comme *Le Petit Écho de la mode*. Et elles en faisaient venir des chapeaux. En somme, grâce à elles, tout Altillac et les communes voisines se mettaient à la mode de Paris ! Il faut dire que, pour nous, il n'y a de mode que là-bas. Nous sommes indifférents à ce qui se passe à Bordeaux, à Lyon ou à Limoges. Nous ne songeons qu'à Paris, nous ne rêvons que de Paris. Il en a toujours été ainsi.

La principale charge d'Alice et Pauline consistait à s'occuper de moi. Nous allions ensemble, avec la chèvre, nous promener dans les bois. Nous en revenions avec des nèfles, ou avec des fruits d'été, selon la saison. J'ai été extrêmement heureux dans les bois. J'y ai toujours été heureux. Et je me demande d'ailleurs si j'en suis jamais sorti ! J'y trouve la présence de Dionysos vis-à-vis duquel j'éprouve quelque fraternité. J'ai été nourri au lait de chèvre. Or Dionysos a été transformé à sa naissance en chevreau par Zeus — c'est pourquoi une de ses épithètes est « chevreau » — afin que Héra, l'épouse de ce dernier, ne puisse pas se venger sur lui, puisqu'il était le fruit de sa relation adultérine avec Sémélé. Le nom de « Sémélé » vient du mot phrygien « *Zemelô* » qui désigne la Terre. Dionysos est donc le fils de Zeus — Apollon et lui sont demi-frères — et de la Terre. Dionysos est le dieu de la fécondité... mais je laisse cet aspect de côté parce que cela nous entraînerait vers les « phallophories », les processions dionysiaques où l'on portait les « *phalloi* », emblèmes de la génération, et ce n'est pas exactement ce qui m'enchante. Je préfère Dionysos dieu de la végétation, c'est-à-dire des forces productives issues de la terre. Il est le dieu des plantes vivaces et sarmenteuses. L'une d'elles est le lierre. Dans la maison que j'habitais à Treffort, le lierre qui couvrait le mur de clôture m'enchantait. On l'a arraché, ce qui m'a chagriné ; je suis triste quand je pense au bourdonnement joyeux des abeilles au moment de la floraison. Pourquoi préférer la mort à la vie ?… Une autre des plantes préférées de Dionysos est le myrte. Il aime aussi le néflier. C'est pourquoi j'en ai planté en abondance à Treffort. Mon ami corse Natale Luciani me fait grand plaisir quand il m'envoie une petite bouteille de liqueur de myrte. Mon ami portugais Manuel Cadafaz de Matos m'a comblé lorsqu'il m'a offert une bouteille de liqueur de nèfle. Chose incomparable ! J'aime les nèfles et elles me manquent. Car même celles que j'ai obtenues à Treffort n'égalaient pas, loin s'en fallait, celles qu'Alice, Pauline et moi cueillions dans la forêt proche d'ici, celle qui mène vers les hameaux de la hauteur, vers La Veyssière et Les Embruns. C'est le terrain qui fait la saveur des nèfles. Et le terrain de Treffort ne leur convenait pas, sans doute était-il trop argileux.

Comme Dionysos, j'aime donc les arbres, les vergers, la nature sauvage. Sous l'effet de ce dieu, j'ai toujours aimé aussi les filles un peu sauvages, telle Javotte qui, quoique mariée en ville avec un grossiste, habitait dans les bois. Mon amour de la nature sauvage m'a valu souvent de m'opposer à mon père. Il était très considéré puisque, en 1958, il a été élu maire d'Altillac avec 485 voix sur 505 votants. Partisan de la civilisation, il œuvrait principalement à désenclaver les villages alentour. On accédait jusqu'alors au Treil, à Freyssines, à Gramond, à La Palide, par de mauvais chemins : il a voulu qu'ils soient élargis et goudronnés. Il lui est même venu à l'esprit de faire passer une route devant cette maison-ci, la Maisonneuve, pour que les habitants des hameaux de la hauteur puissent l'emprunter afin d'accéder plus facilement à Beaulieu, la ville voisine d'Altillac. Mais je m'y suis tant opposé que mon père a dû céder et le sentier n'a été goudronné que jusqu'à la maison. Ici, aucun bruit de circulation ne parvient, on est merveilleusement tranquille. Seuls mes voisins passent. C'est-à-dire un couple et leurs deux enfants que j'aime beaucoup. Face à mon père, j'ai défendu les arbres, la nature, avec toute la population qui vit dans la forêt.

J'admirais énormément mon père. Toute sa vie il s'est montré très dévoué à tous, s'occupant par exemple de remplir les papiers des gens pour qu'ils obtiennent une retraite.

Nous nous heurtions seulement au sujet des arbres ! Pour élargir un chemin, il a fait couper un cerisier d'aigres-douces, des fruits merveilleux. Je crois bien que j'en ai offert en 1942 à Marie-Thérèse, qui allait devenir ma femme. Non loin d'ici, se trouve une fontaine autrefois bordée par deux châtaigniers superbes, qui donnaient des châtaignes délicieuses en abondance. Là encore, mon père a fait abattre ces arbres pour élargir le passage. Je ne conteste pas le fait qu'il accomplissait son devoir, et peut-être avait-il raison. Mais je juge de mon point de vue de philosophe qui veut philosopher tranquillement et ne s'intéresse pas beaucoup aux progrès de la civilisation lorsque ceux-ci se manifestent trop près de chez lui ! De sorte que j'ai fait, moi aussi, ce que je devais faire. D'ailleurs, je fais toujours ce que je dois faire, c'est chez moi un trait constant. Ce que je dois faire, je l'entends non pas selon le jugement d'autrui, mais selon mon propre jugement à partir du devoir que je sais avoir envers moi-même. En tant que philosophe — je n'affirmerais rien d'un autre point de vue —, j'ai estimé que je me devais de me concentrer sur cet essentiel qu'est la philosophie. C'était ma vocation, ma nature. J'étais né pour ça. Tout le reste m'a été adjacent. De là découle un comportement qui, quelquefois, peut paraître étrange et soulever quelques objections... Objections qui, je dois le dire, me touchent peu !

Héraclite dit : Hadès et Dionysos sont le même dieu. En associant ainsi, à raison, le dieu des enfers et celui de la fécondité de la nature, il signifie l'unité des contraires, qui est chez lui une loi fondamentale. En effet, d'où vient la sève montante qui fait surgir la végétation au printemps, sous le règne de Dionysos, si ce n'est de l'hiver sur lequel règne Hadès, le dieu de la mort ? Dionysos est lié à l'Hadès des profondeurs nocturnes ainsi qu'aux feux des Enfers : il est aussi le dieu du délire mystique, honoré par des processions sur la montagne, durant lesquelles des femmes chantent le « dithyrambe », poussent des cris rituels, parfois des mugissements, et vont jusqu'à perdre la raison. Suivre Dionysos expose à un excès possible. Les bacchanales, fêtes en l'honneur de ce dieu, souvent facteurs de désordre, ont même été interdites dans la République romaine. Pour ma part, j'ai toujours appelé à l'aide le rationnel Apollon, la lumière, la clarté, pour maîtriser mes tendances dionysiaques, que je ne nie pas. Je dois avouer une certaine sympathie pour le désordre, étant naturellement hostile à tout ce qui me limite, donc aux lois. Il m'a même fallu longtemps pour m'accommoder du port de la ceinture de sécurité en voiture ! Du reste, le désordre est créateur. D'où peut venir l'ordre sinon du désordre ? C'est ce qu'enseigne Épicure.

À la Maisonneuve, Maman Marie et mes tantes complétaient leurs maigres revenus en « noisillant ». Le mot ne figure pas dans le dictionnaire, mais il est compris au-delà de la Corrèze, sans doute est-ce un mot du Limousin. « Noisiller » désigne une certaine façon de traiter les noix. On prend le fruit entre le pouce et l'index et, avec un petit marteau, on le frappe délicatement de façon qu'il se fende en laissant les cerneaux intacts. Ensuite, le marchand vient collecter ceux-ci contre un peu d'argent. On noisille durant les soirées d'hiver. Sur la grande table de la cuisine, s'amoncellent les noix que le marchand a apportées dans de larges sacs. Autour de la table, se réunissent les habitants de la maison : Marie, ma mère quand elle vivait, Alice, Pauline, et puis des voisins qui viennent aider, parmi eux, souvent, des jeunes gens. C'est ainsi que mon père, Romain, a fait la connaissance de ma mère.

Je me souviens très bien d'un soir où l'on m'avait envoyé coucher à l'autre bout de la maison. Je m'étais réveillé et avais parcouru toutes les pièces pour les regarder tous en train de noisiller. J'avais trouvé qu'ils avaient l'air plutôt heureux. Même si ma mère était déjà morte, mes tantes étaient des jeunes filles à l'époque et la jeunesse ne peut pas rester triste.

Durant les cinq années où je suis resté à la Maisonneuve avec Maman Marie et mes tantes, mon père est rarement venu me voir car, me disait-on, il avait beaucoup de travail. Je me souviens d'un rêve dans lequel il m'apportait un grand plateau, très grand, couvert de petits gâteaux de pâtissier. Freud dit qu'un rêve est la réalisation d'un désir refoulé. Quel désir était refoulé ? Ce n'était pas celui de manger des petits gâteaux, parce que ce désir-là n'était pas refoulé. Pour moi, ce rêve signifie que j'étais heureux que mon père me rende visite et que j'aurais aimé qu'il vienne plus souvent. Il était toujours sous le coup du grand malheur qu'il avait subi avec la mort de ma mère. Mon existence ne pouvait que le lui rappeler…

2

« Demain, tu iras à la messe pour ta maman »

Après que ma tante Alice eut épousé mon père, il a fallu que je descende dans la maison de ce dernier. Je dis « descendre » parce qu'elle se situe au Rodal, en contrebas d'ici, dans ce que nous appelons le « bas-fond ». L'ambiance y était différente de chez Maman Marie. Une tristesse immense pesait. Et ce n'était pas la mère de Romain, Françoise, qui pouvait dissiper cette impression. J'avais 5 ans et leur peine me chagrinait, ainsi que le fait de quitter la Maisonneuve. Car j'aimais cette maison. À présent elle n'est plus ce qu'elle était. Je vis dans une multitude de pièces minuscules, alors qu'elle se composait de deux grandes pièces — une immense cuisine et une salle à manger spacieuse — puis des chambres, jusqu'à l'extrémité de la maison où était mon lit ainsi que celui de Maman Marie. Je ne retrouve rien ici de mon souvenir d'enfance. Ces transformations proviennent d'un désaccord au moment de la succession de Maman Marie. Mes deux tantes ne se sont pas entendues et ont préféré se partager la maison. Tante Pauline a hérité de cette partie, où je vis aujourd'hui. À l'époque, elle habitait à Paris, rue des Boulets, dans un tout petit appartement du XIe arrondissement. Sûrement ne pouvait-elle pas se faire à ces grandes pièces. En outre, son mari, Paul, un expert en automobiles, avait besoin d'un cabinet de travail particulier. Ils ont donc divisé les grandes pièces en petites. De cela, je m'arrange, et d'abord parce que je ne peux faire autrement. Il n'est pas question pour moi d'émettre la moindre plainte. Mes tantes étaient ce qu'elles étaient. Chacun est ce qu'il est. Il est vain de reprocher à quelqu'un d'être ce qu'il est. Il faut s'en accommoder. On ne peut pas rectifier le destin.

Malgré tout, la Maisonneuve, c'était chez moi et ça l'est toujours. Au Rodal, je ne me sentais pas chez moi. C'était la maison de mon père, une ferme, avec une partie réservée aux cochons, une autre au bétail... Le rythme de la journée était nouveau pour moi. Le matin, très tôt, le « serviteur », Paul de La

Plate, qui couchait au grenier, à côté de ma chambre, descendait et demandait sa goutte, c'est-à-dire un petit verre d'eau-de-vie. Paul de La Plate n'était pas un aristocrate, il était seulement issu du hameau de La Plate ! J'ignorais son nom de famille, et je ne suis pas sûr d'ailleurs que quelqu'un l'ait connu. Il était vieux, constant et utile quoique pas très travailleur mais mon père le gardait car Paul n'aurait eu nulle part où aller. À 7 heures, était servie la soupe du matin, faite de beaucoup de pain, de pommes de terre et de châtaignes rascalées — encore un terme qui ne figure pas dans le dictionnaire. « Rascalées », cela veut dire que les châtaignes ont été cuites dans l'eau, puis décortiquées pour ôter la dernière peau, mises dans une marmite où on achève de les peler grâce aux mouvements de tourniquet faits à l'aide d'un instrument en forme de croix. Les châtaignes deviennent alors blanches, et on peut les servir. Les femmes de la maison s'étaient levées encore plus tôt pour les préparer. J'aimais beaucoup les châtaignes rascalées. Dionysos aussi aimait les châtaignes et les châtaigneraies.

Deux ans plus tard, la tristesse de mon père a laissé place à un état d'esprit tout à fait nouveau. Car, en 1929, est née ma sœur Michèle et ç'a été une grande joie pour moi. On dit que, quand naît un enfant, l'aîné est jaloux. En ce qui me concerne, c'était tout le contraire. J'ai été très heureux de voir mon père cesser d'être triste, et même devenir gai. Il faisait sauter Michèle sur ses genoux et il lui chantait des chansons de soldat, puisqu'il avait fait la guerre. Je peux d'ailleurs encore chanter : « Quand Madelon vient nous servir à boire / Sous la tonnelle, on frôle son jupon / Et chacun lui raconte une histoire / Une histoire à sa façon / Madelon, pour nous n'est pas sévère », etc. À table, au moment des repas, il se mettait à parler. Il ne s'adressait pas précisément à l'un d'entre nous. Il évoquait la guerre, les attaques, quand les soldats, à une heure dite, devaient sortir de la tranchée pour affronter les mitrailleuses d'en face. Un de ses amis, qui s'appelait Bengloan, un Breton, était tombé à côté de lui. Et il lui criait : « Aide-moi, aide-moi ! » Mais mon père ne pouvait pas s'arrêter, sinon il aurait été fusillé. C'est en écoutant ces récits que je suis devenu pacifiste. Pendant longtemps, j'ai condamné toute guerre. Et puis, je me suis mis à réfléchir. J'ai compris que je ne pouvais pas condamner toute guerre sans condamner aussi la défense victorieuse qu'avaient assurée les Grecs contre les Perses à Salamine et Marathon. De s'être défendus, je ne pouvais les blâmer. Il faut se défendre quand c'est une question de vie ou de mort, ou si notre liberté est en jeu. J'ai donc réduit mon pacifisme à moi-même : j'ai décidé que je ne participerais à aucune guerre. D'abord, je ne veux pas tuer ; ensuite, cela me détournerait de ma tâche principale qui est le travail philosophique, le travail de ma vie dont je n'ai pas le droit de m'abstraire, même pour des motifs aussi fondés. C'est l'attitude que j'ai adoptée quelques années plus tard, durant l'Occupation.

Mon père, donc, parlait, et réfléchissait. Il parlait de la guerre mais aussi du temps. Il disait combien nous, les hommes, sommes insignifiants : avant nous, combien de siècles, et après nous, combien d'autres ? Tout passe. Nous sommes un fétu dans le temps éternel. J'ai retenu cela. Le mari de ma sœur, qui était psychiatre, ne trouvait pas étonnant que je fusse devenu philosophe après avoir entendu mon père. Il avait un peu raison ; même si je pense que je serais quand même devenu philosophe. Encore aujourd'hui, je partage la vision que mon père avait du temps, s'accordant avec celle de Benjamin Constant : « Le temps, indépendant de nous, va d'un pas égal. » C'est également la perception qu'en avaient les Grecs : vous ne pouvez rien pour empêcher l'arrivée de l'heure qui vient après cette heure-ci. Jules Lagneau écrit à ce sujet : « L'espace est la marque de notre puissance, le temps est la marque de notre impuissance. » Et là, on se heurte à Kant ! Car Kant affirme que le temps n'est qu'une « forme *a priori* de la sensibilité », c'est-à-dire que nous ne pouvons pas faire autrement que de percevoir toute chose comme se juxtaposant dans l'espace et se succédant dans le temps. Ainsi nous représentons-nous notre immense univers dans l'espace. Et le temps, « indépendant de nous, va[-t-il] d'un pas égal » ? Non, car c'est nous qui l'imaginons ainsi. Est-ce que Kant justifie cette position ? Il donne un certain nombre d'arguments mais, même si nous les admettons, même si, en effet, nous ne savons du temps que ce que nous en percevons, même si nous n'avons pas affaire à la réalité absolue — à ce qu'il appelle « la chose en soi » — mais seulement à notre représentation, au « phénomène », si donc nous ne savons rien et ne pouvons rien affirmer de la « chose en soi », alors de quel droit dire qu'elle *n'est pas* dans le temps ? Pourquoi ne le serait-elle pas, et pourquoi le temps ne serait-il pas quelque chose « en soi », une réalité absolue, indépendante de nous ?

J'aimerais là citer Clément Rosset : « L'un des philosophes les plus délirants est Emmanuel Kant qui a l'aplomb d'affirmer que le temps et l'espace n'existent pas en dehors de notre esprit. Le kantisme n'est rien de moins qu'une folie qui a contaminé l'université française depuis la fin du XIXe siècle » (*Philosophie magazine*, n° 17, mars 2008, p. 58). Il est difficile de ne pas être d'accord avec Clément Rosset, du moins sur ce sujet. Je reconnais qu'il y a beaucoup de belles choses chez Kant, notamment sur la morale (dans la *Critique de la raison pratique*), au sujet de laquelle il montre que le devoir moral est inconditionné ou inconditionnel, ce qu'il appelle l'« impératif catégorique ». Mais je considère que Kant n'a pas du tout expliqué que nous éprouvions l'indépendance du temps. C'est bien joli les « *a priori* de la sensibilité », mais il faut expliquer que nous ayons ce sentiment-là ! Pour ma part, je pense que mon père avait raison, que Benjamin Constant a raison, que les Grecs, Aristote et autres ont raison de penser que le temps est indépendant de nous. Donc, je condamne l'idéalisme, qui consiste à croire que la nature ultime du réel repose sur l'esprit et ses représentations abstraites. Je ne me retourne pas pour autant vers le matérialisme mais vers le naturalisme. Avec Épicure. Avec Héraclite.

Mon père parlait de la guerre, mon père parlait métaphysique, il parlait aussi politique. Nous étions au temps du Front populaire, qui l'intéressait beaucoup. Il était socialiste, mais pas du tout porté vers les communistes. En 1936, il était adjoint au maire d'Altillac — en réalité, c'est lui qui s'occupait de tout car le maire était avocat à Figeac. Je me souviens comment il a reçu le candidat socialiste Peschadour. Il a prononcé un discours de présentation, avant que Peschadour ne fasse sa campagne, puis nous sommes tous allés boire un verre au café qui était alors au coin du pont d'Altillac. La salle de la mairie et sa cour étaient pleines de paysans. Je me rappelle l'élan pour le changement. J'étais à l'époque au cours complémentaire de Beaulieu. Des camarades m'accompagnaient sur le chemin pour rentrer chez moi et nous chantions *La Jeune Garde* et *L'Internationale* à tue-tête. Sur la colline se trouvent un château, la Majorie, et en bas, sur la route, la « Majorie basse ». Là, vivait le métayer de la Majorie haute, qui s'appelait Jeantinot. En nous entendant chanter, il craignait la révolution, imaginant qu'on allait socialiser toutes les terres, qu'il n'en aurait plus à lui… Ce qui était comique parce que, justement, comme métayer, il n'avait aucune terre à lui. Mon père essayait de le rassurer. Il s'est réjoui de l'élection du gouvernement Blum, cela a changé un peu sa condition car, pour la première fois, les paysans ont eu droit à des indemnités pour calamités agricoles, causées par la grêle, le gel, etc. Des experts ont alors été désignés pour évaluer les dégâts subis afin de fixer le montant des indemnités. C'est mon père qui a été choisi pour la commune d'Altillac. Il allait à bicyclette, parce qu'il n'avait pas de voiture, montait sur les hauteurs d'Altillac pour inspecter les vignes ou les champs de blé et remplir des fiches avec les exploitants en évaluant le pourcentage de pertes. Il a une fois été attaqué par le journal de l'évêché parce qu'il avait évalué 40 pour cent de pertes à un paysan tandis qu'un autre expert avait estimé ces pertes à 15 pour cent pour l'exploitation voisine. L'évêché en a conclu que mon père favorisait les paysans socialistes, ce qui était complètement faux. Peut-être seulement n'était-il pas porté à minimiser les pourcentages. Le soir, c'est moi qui rédigais les rapports à partir des fiches qu'il avait remplies. Pour me remercier, il m'a acheté un vélo, un beau vélo avec changement de vitesse. Mais lui seul s'en servait parce qu'il avait besoin d'un vélo ainsi équipé pour monter toutes les côtes de la commune et, au-delà, jusqu'à La Chapelle-Saint-Géraud, Goules ou Mercœur. C'est comme cela qu'un beau jour, il est passé près des Tours de Merle, des ruines datant du Moyen Âge dans la commune de Saint-Geniez. Pour la première fois, je l'ai entendu dire : « C'est beau. » C'était rare parce que le sentiment de la beauté n'existait pas chez nous. Seul le travail comptait.

Mon père avait une vive conscience de l'injustice sociale et de la différence des classes. Un jour, il s'était trouvé dans un train entre Brive et Bretenoux avec deux messieurs manifestement fortunés. En regardant les paysans travailler sur les terres que le train traversait, ils avaient parlé d'eux comme de pauvres gens, qui ne faisaient que survivre et ne savaient rien de la vie. Mon père avait été frappé par cette conversation et la rapportait avec une humilité terrible. Il était et se sentait humble : « Je ne suis, nous ne sommes que des paysans ; nous ne sommes pas des bourgeois de “la haute”, nous n’avons ni châteaux ni grosses voitures, nous n’allons pas en vacances à la mer. Oui, nous sommes vraiment de pauvres gens. » Je dois dire que, de cela, je n’étais pas persuadé. Je ne me suis jamais senti pauvre. Et si je ne craignais pas d’offenser les paysans, je dirais aussi que je ne me suis jamais senti paysan. Je l’ai été pourtant et il m’en est resté une espèce d’humilité détestable.

Quand j’étais étudiant à Paris, bien plus tard, salle Cavaillès à la Sorbonne, je me suis trouvé un jour à côté de Jean d’Ormesson, qui préparait comme moi l’agrégation de philosophie. J’avais les mains brunies par le brou de noix parce que j’avais ramassé de ces fruits en Corrèze quelques jours plus tôt. Jean d’Ormesson, lui, était bruni parce qu’il revenait des sports d’hiver. Là, j’ai vraiment pris conscience de la différence des classes ! Mais je ne ressentais aucune forme de jalousie à l’égard de d’Ormesson. La jalousie ou l’envie sont des sentiments que je n’ai jamais éprouvés — je crois n’avoir rien à envier à qui que ce soit. Je constatais l’existence des classes sociales mais je ne me sentais ni inférieur ni supérieur à d'Ormesson, ou à n'importe quel autre étudiant qui se trouvait là. Je nourrissais au contraire, vis-à-vis de tous, un sentiment de parfaite égalité. C'est au fond ce que ressentent la plupart du temps les étudiants entre eux, d'où qu'ils viennent. Nous assistions donc ensemble, avec d'Ormesson, mais aussi Gilles Deleuze, Robert Misrahi, Olivier Revault d'Allonnes, Michel Butor, etc., des étudiants que j'admirais, au cours de Martial Gueroult, le plus grand historien de la philosophie du siècle dernier, qui expliquait Spinoza (je me souviens que « chez Gueroult », Jean d'Ormesson commenta la proposition 7 du livre I de l'*Éthique*, et moi la proposition II). J'ai toujours été reconnaissant à d'Ormesson de m'avoir conseillé la lecture du livre extraordinaire de Jérôme Carcopino, *La Basilique pythagoricienne de la porte Majeure*. Mon instituteur au cours complémentaire, Jean Salesse, marchait toujours très droit en regardant les gens d'un air un peu arrogant. Quand ma tante l'avait croisé dans les rues de Beaulieu, elle avait dit : « M. Salesse, il se croit ! » Eh bien d'Ormesson, lui, « ne se croit pas ». Encore aujourd'hui, il ne se fait pas trop d'illusions je pense sur la valeur de son œuvre, qui pourtant n'est pas négligeable — du reste, ma femme, au goût irréprochable, l'admirait — mais c'est vrai qu'il n'est pas Tolstoï. Il a été ce qu'il a été. Et je lui ai toujours voué beaucoup de sympathie et de considération.

En revanche, hors de ce milieu d'étudiants, je reconnais en moi cette humilité de mon père, qui me vient de ma condition de paysan. J'ai par exemple très rarement osé demander quoi que ce soit à quiconque — un service, un renseignement, encore moins une faveur. Il m'a toujours été difficile de me sentir l'égal de quelqu'un qui m'était socialement supérieur. Supposons que d'Ormesson, avec qui pourtant je me sens intellectuellement à égalité, m'ait invité à dîner chez lui avec d'autres aristocrates (il m'a d'ailleurs effectivement convié en Corse, mais c'était au moment de mon départ de ce pays), je n'aurais pas su où me mettre. Je n'approuve pas cette humilité chez moi, c'est l'un de mes défauts contre lesquels je ne peux rien. Le caractère ne dépend pas seulement du patrimoine génétique mais de la vie que l'on a vécue dans l'enfance, des conditions dans lesquelles on a grandi et de la façon dont on s'est comporté avec vous.

Cette humilité, au fond, me vient peut-être

moins de ma condition de paysan, que je n'ai jamais ressentie comme inférieure, que du sentiment que je n'avais pas tellement le droit d'exister. Ma mère est morte en me laissant vivant mais mon père, sur le moment, aurait préféré que ce soit elle qui survive. D'ailleurs, lui aussi aurait pu ne pas exister. Par conséquent, c'est doublement que je n'ai pas le droit d'exister. En effet, ma grand-mère Françoise ne voulait pas garder l'enfant lorsqu'elle attendait mon père (ils étaient pauvres et avaient déjà assez de bouches à nourrir selon elle). Mais le grand-père Joseph lui avait affirmé que, si elle s'entêtait dans cette décision, elle ne remettrait pas les pieds à la maison. Comme elle n'avait nulle part où aller, elle a eu mon père. Au moment de déclarer la naissance, personne n'avait pensé à un prénom. Le secrétaire de mairie a donné à mon père celui du jour de sa naissance, la Saint-Romain. Ensuite, du jour au lendemain, ma grand-mère a adoré son fils. C'est pourquoi, je ne pense pas qu'il faille insister sur l'importance de désirer un enfant, ou de l'amour qu'on lui porte avant la naissance. Ce qui compte, c'est de l'aimer après.

J'ai dit de quoi mon père parlait. Je me souviens aussi de quoi il ne me parlait pas :

de ma mère, et je regrette beaucoup qu'il ne m'en ait jamais rien raconté. Sur ce silence, je n'ai, hélas, pas grand-chose à exprimer. Le 31 mars, tante Alice me disait : « Demain, tu iras à la messe pour ta maman. » C'était tout. Pourquoi fallait-il qu'il y ait une messe pour ma maman tous les ans ? Qu'est-ce que cela signifiait ? Je ne demandais aucune explication, peut-être pour retarder le moment où j'apprendrais que ma mère était morte — non que je ne le sache pas mais je le savais sans le vivre, comme un fait qui me concernait à peine. Ce n'est que peu à peu que l'absence de ma mère m'a fait souffrir. Dans ma jeunesse, je n'avais pas l'occasion d'y penser puisque personne ne m'en parlait, car la même conspiration du silence liait mon père, Pauline, Alice et Maman Marie. La seule fois où mon père a évoqué ma mère devant moi, c'était en 1962 (j'avais 40 ans). Nous habitions alors Versailles, ma femme et moi, et mon père était venu nous voir. Nous sommes allés nous promener dans le parc et, sur l'esplanade du château, il m'a déclaré : « Tu vois, je suis venu ici avec ta maman. » Il ne m'a rien dit d'autre. Et, cette fois encore, je n'ai pas posé de questions.

Il existe seulement deux ou trois photographies de ma mère mais, dessus, elle ne sourit pas. En ce temps-là, cela ne se faisait pas de sourire devant le photographe. Je crois que ma mère était différente de ses sœurs, bien qu'Alice et Pauline fussent déjà très différentes l'une de l'autre. Ma mère se prénommait Marie-Louise mais on l'appelait Marcelle. Ses amis la surnommaient « Marceau », tout comme mon père. Elle a eu beaucoup de soupirants mais elle a choisi Romain, ce qui n'a pas tellement plu à Marie : tout de même, mon grand-père était rentier… ce qui ne signifiait rien puisqu'il restait effroyablement peu d'argent derrière lui, je l'ai dit, mais ses trois filles étaient des « demoiselles », qui suivaient la mode de Paris. Et voilà que Marcelle choisissait un paysan du bas-fond. Quelle serait sa vie ? Elle est descendue chez mon père, alors qu'ils n'étaient pas encore mariés, pour travailler à la ferme avec lui et avec ses parents, Joseph et Françoise. Les travaux des champs étaient très fatigants. Elle s'en plaint dans une lettre à mon père — je ne sais pas ce que sont devenues ses lettres à elle, je n'ai que la réponse de mon père sur une carte qu'il lui envoyait du front. Il l'y bouscule un peu : « Tu trouves que c'est dur ? Cela te serait plus facile si tu y mettais plus de goût. » Je trouve sa réponse très brutale et je suis inconditionnellement du côté de ma mère !

Si je ne posais pas de questions, c'est que, sans doute, je pensais que si ma tante Alice et mon père avaient souhaité m'en parler, ils l'auraient fait. Je ne voulais pas les forcer. Mais j'aurais dû obliger ma grand-mère à évoquer le sujet. Personne ne m'a aimé autant que Maman Marie. Elle m'a aimé comme ma mère m'aurait aimé. Pas autant cependant car je crois que rien ne peut remplacer l'amour d'une mère. Aujourd'hui, on dit que l'amour suffit, quel que soit l'adulte qui le procure à un enfant. Je ne nie pas la valeur de cet amour mais celui d'une mère reste unique et irremplaçable.

3

Dans les champs

J'ai 11 ans, mes parents sont rentrés, me laissant seul dans le champ avec un travail de fin du jour, un travail facile et agréable. Les fanes de pommes de terre sont assez sèches pour être brûlées, pour peu qu'il y ait du vent. J'en fais des tas au pied desquels j'allume des torches de papier journal. La flamme bientôt s'élève, le vent la secoue dans un sens et dans l'autre ; quand son bruit de souffle s'apaise, le murmure de la Dordogne toute proche parvient jusqu'à moi et je me sens environné d'amis. Ils sont rares chez les humains, mais la nature en est peuplée.

Étant fils d'un petit cultivateur, je devais, comme tous les enfants de paysans en ce temps-là, travailler dans les champs. Nous travaillions avec des outils et non pas comme aujourd'hui avec des machines compliquées. J'ai passé beaucoup de temps à garder les quatre vaches de mon père. Je les amenais dans plusieurs prés mais surtout dans l'un, qu'on appelait le « pré du Pont », qui se trouve en aval du pont sur la Dordogne joignant Altillac-Bas et Beaulieu. Je ne songeais pas à emporter un livre. Dans les maisons de paysans, on n'appréciait pas tellement la lecture. Mon beau-père, le Pr Henri Tronchon, offrit un jour un ouvrage à son cousin paysan qui s'en étonna : « Quelle idée as-tu eue de m'offrir un livre, lui dit-il, j'en ai déjà un ! » Lire, ce n'était pas travailler : « Tu ferais mieux d'aller au travail plutôt que de passer ton temps à lire ! » Donc, je m'ennuyais en gardant les vaches. Alors, je contemplais la Dordogne. Et, bien avant de lire Héraclite, j'ai été convaincu que s'écoulent toujours de nouvelles eaux et qu'il n'y a pas de répétition : « Tu n'entreras pas deux fois dans le même fleuve », disait le philosophe grec. Je l'ai expérimenté très tôt.

On a objecté à Héraclite cet argument : certes, on n'entre pas deux fois dans le même fleuve, mais les berges, elles, sont toujours les mêmes. Justement, non : les berges bougent autant que le fleuve. Montaigne l'a remarqué en observant lui aussi la Dordogne (voyez le chapitre 31 du livre I des *Essais*). Lorsque je gardais les vaches au pré du Pont, ce dernier était beaucoup plus grand qu'il ne l'est maintenant. Depuis, la direction des courants a changé, la Dordogne a mordu sur la rive gauche et pris ses aises sur la rive droite. De sorte que le pré, qui se situe rive gauche, a dû céder quelques mètres à la Dordogne. Quand j'y retourne, j'ai de la peine à le reconnaître. Mais c'est ainsi que j'ai fait mienne très tôt une grande vérité : le changement universel, le *panta rei* d'Héraclite, « tout passe ». En cela j'étais en accord avec Montaigne avant de le connaître. Pour lui aussi, tout change et nous ne sommes assurés de rien, il n'existe aucune stabilité. Même les structures de l'esprit ne sont pas immuables… contrairement à ce que diront ensuite les partisans des formes fixes, comme Kant, qui immobiliseront la raison et les structures de l'entendement.

L'arrachage de pommes de terre au piochet était un travail dur, qui donnait facilement mal aux reins. Je travaillais avec Pierrasse et Paul de La Plate dont j'ai déjà parlé. Paul de La Plate était un serviteur constant ; Pierrasse était un serviteur inconstant et aléatoire mais je l'aimais bien. Il n'était pas sans reproche car il avouait qu'un soir de boisson, lorsqu'il était gendarme en Algérie, il avait tué deux Arabes. Alors, exclu de la gendarmerie, il était revenu à Curemonte, non loin d'ici, et vivait de petits travaux. Pour extraire les pommes de terre, on piochait en progressant par rangées. Je ne peinais guère à me tenir au même niveau que Paul de La Plate. Tandis que Pierrasse, lui, avançait à toute vitesse. Il était très fort et j'ahanais derrière lui. Mon père n'arrachait pas les pommes de terre avec nous car il avait gardé de la guerre une blessure à la cuisse qui le faisait souffrir. Aujourd'hui, ce genre de travail est assuré par des arracheuses mécaniques. Je suis peut-être le seul philosophe qui ait arraché les pommes de terre… ou du moins le seul encore vivant !

J'aimais bien Pierrasse parce qu'il me parlait de Crumeyrolle, un camarade du cours complémentaire de Beaulieu que j'admirais beaucoup. Albert Crumeyrolle préparait, comme nous tous, le concours d'entrée à l'école normale d'instituteurs. Quand, à la rentrée de 1936, je lui avais demandé ce qu'il avait fait pendant les vacances, il m'avait répondu : « J'ai fait trois cents problèmes. » En réalité, il avait travaillé chez son père, comme tout le monde, et le reste du temps, il avait étudié les mathématiques. Quand il était arrivé à l'école, il ne savait que le patois mais, comme il était très intelligent, le curé voulait le faire entrer au séminaire. Son père a préféré l'envoyer à l'école laïque. Il a été reçu premier au concours de l'école normale d'instituteurs en 1937, puis premier à l'agrégation de mathématiques. Il est devenu professeur à l'université de Toulouse, ses travaux en algèbre lui ont valu des articles d'hommage et un livre en Finlande, et il est mort prématurément en 1992 d'un cancer. Crumeyrolle était un garçon qui incitait à travailler. Il y en avait trois ou quatre comme lui, en tête de classe. Pierrasse avait bien connu la famille de Crumeyrolle. Il me parlait aussi de Ginette. Ginette, c'était Geneviève, une jeune fille absolument belle et charmante. Elle a épousé un agriculteur et elle s'est peu à peu fanée au travail. Ma femme, plus tard, disait que les filles de la campagne sont belles, solides avec une superbe santé. On voyait qu'elle n'avait pas connu la campagne de près.

Lorsque mon père a été mobilisé, en 1939, je me suis occupé de tout à la ferme, et en particulier de la récolte des noix. Avec une gaule, on frappe les branches pour faire tomber les fruits. Ensuite, on les ramasse — et on a beaucoup de peine le soir à se tenir droit quand on en a ramassé toute la journée ! Sur le marché, j'ai vendu un jour des noix à un monsieur qui m'a donné un billet de 1 000, un billet bleu. Je n'en avais jamais vu et je ne pouvais même pas lui rendre la monnaie.

Les foins se faisaient aussi à la main, pour une grande partie. Nous avions juste une faucheuse, que mon père manœuvrait. Après le fauchage, il faut étaler l'herbe, la laisser sécher, la retourner plusieurs fois par grand soleil. Ensuite, on l'assemble en tas appelés « finières », que l'on charge sur le chariot pour les transporter jusqu'à la grange, où l'on entrepose le foin au-dessus des mangeoires des vaches. Mme de Sévigné s'est bien exprimée sur les charmes de la fenaison. Je ne crois pas qu'elle-même ait jamais fané mais elle en parle de façon judicieuse.

Puis vient la moisson. La faucheuse laisse sur le sol des javelles, qu'on lie en gerbes, disposées en croix par quatre. Sur ces quatre gerbes, on en entasse quatre autres, et puis encore quatre autres… Les croix sont transportées dans un lieu où se rassemblent tous les paysans qui ont du blé. Chacun bâtit avec ces croix un « plongeon », sorte d'immense pain de sucre, la taille des plongeons donnant une idée de l'importance relative des propriétés. Vient alors le moment de battre le blé. Pour cela, il faut la batteuse proprement dite et une chaudière à vapeur, qui, avec de très longues courroies, fait tourner dans la batteuse la pièce qui permet d'écraser les gerbes et d'en extraire le grain. Au bas de la batteuse, se trouvent les sacs qui se remplissent au fur et à mesure. Quand ils sont pleins, ils pèsent au moins quatre-vingts kilos chacun. Et le soir, quand tout est fini, les hommes les rapportent dans les maisons particulières de chacun pour qu'ils soient montés au sec, au grenier. Je me souviens de mon père ou de Paul de La Plate avec sur leur dos ces charges énormes qui les faisaient ployer dans l'escalier. Ils ont certainement laissé là une part de leur santé.

Le jour du battage des gerbes et de la récolte est un jour de fête. Dionysos se manifeste à travers le festin, les danses, et le vin qui coule en abondance. « J'entonne le chant du seigneur Dionysos [le dithyrambe], écrivait le poète Archiloque, lorsque je ressens le coup de foudre que me donne le vin. » Autrement dit, il chante le dithyrambe quand il est à moitié ivre ! Le repas réunissait une grande partie du village. Tout le monde était joyeux. Je participais à l'ambiance générale mais j'étais solitaire, comme toujours. Très tôt, j'ai pensé avoir la capacité d'être heureux tout seul. Personne ne pouvait partager les questions que je me posais, mes intérêts, encore moins mes émotions. Surtout pas mon père. Mes problèmes personnels, il n'en tenait pas compte. Il ne pensait même pas que je pouvais en avoir. Mon père se préoccupait du bien commun. C'est la définition que donne Rousseau de la volonté générale : la volonté générale n'est pas la volonté de tous, qui serait une somme de volontés particulières, mais la volonté du bien commun. Mon père rêvait d'y contribuer, pour toute la société, mais aussi pour sa famille. Il a commencé à vraiment m'intégrer dans son contentement lorsque j'ai été nommé professeur de faculté parce que, pour lui, réussir dans ce métier était une contribution au bien commun familial.

Pendant que mon père était mobilisé en 1939, je me suis aussi occupé de la vigne, ce qui est proprement l'œuvre de Dionysos, lequel aime ses rameaux sarmenteux. D'ailleurs, un des premiers travaux de la vigne consiste à « sarmenter » : après la taille en hiver, on ramasse les sarments coupés afin d'en faire des fagots qui serviront pour le feu. Pour les vendanges, j'avais fait appel à plusieurs personnes du village. Ce fut toute une escouade qui s'ébranla dans la vigne, chacun avec son panier. Une fois remplis de raisin, ces paniers sont versés dans des comportes, des cuves de bois cerclées de fer, qui contiennent à peu près quatre-vingt-cinq kilos. Lorsque douze d'entre elles sont pleines, elles sont hissées et encordées sur un char, lequel est tiré par des vaches jusqu'à la cave. Cette fois, pour les vendanges, j'aurais bien aimé que mon père ait fait faire de meilleurs chemins, car pour empêcher que le char ne verse, il faut une habileté particulière. J'étais passé maître à diriger les vaches : je les impressionnais et elles m'obéissaient au doigt et à l'œil. J'ai pu donc apporter le raisin à la cave. Là, dans deux grandes cuves, on laisse la fermentation commencer, non sans l'accélérer en écrasant le raisin avec les pieds, ce qu'on appelle « froustir ». On peut alors laisser le vin s'écouler, le recueillant dans des barriques, et ce qui reste dans la cuve part pour le pressoir. Et là, on obtient un autre vin, de moins bonne qualité. Pour le blanc, le raisin est versé dans un grand tonneau, un « foudre ». Au centre, se trouve une petite trappe par laquelle on entre pour écraser le raisin avec les pieds mais il faut bien garder la tête à l'extérieur sinon, c'est l'asphyxie, parfois mortelle. À l'automne 1939, nous avons eu du vin blanc, du vin noir, et nous avons célébré tout cela avec le facteur, qui s'arrêtait toujours pour goûter le vin nouveau. Nous avions plus de vin qu'il ne nous en fallait car, comme les Grecs, nous le buvions allongé d'eau. Mon père en vendait à l'instituteur, M. Salesse, et, au temps de Vichy, il le transportait la nuit pour éviter de payer les droits.

Une scène de la paysannerie me faisait souffrir. C'était quand on tuait le cochon. On allait chercher le « tueur », un autre paysan. Il fallait au moins trois hommes pour obliger l'animal à se déplacer. On le hissait sur une barrique, il hurlait de façon épouvantable, et le tueur le saignait. Ensuite, on fabriquait des boudins, que je ne dédaignais pas trop en ce temps-là. Tout le monde était content, personne ne pensait au cochon. J'étais le seul à trouver la scène horrible. Vis-à-vis de lui, nous ne valions pas mieux qu'Eichmann, cet officier nazi chargé de l'extermination des Juifs ; Eichmann pensait : « Ce n'est qu'un Juif » ; nous, nous pensions : « Ce n'est qu'un cochon. » Je ne compare évidemment pas les deux crimes. Je rapproche seulement les processus d'indifférence ou de mépris vis-à-vis de la souffrance. La philosophe Hannah Arendt a raison dans sa thèse concernant la banalité du mal. Les humains, une fois qu'ils sont institutionnalisés ou portés par la tradition, ne pensent plus à la signification et à l'implication de leurs actes sur ceux qu'ils touchent.

Bien que je ne supporte pas la souffrance du cochon que l'on tue, je ne partage pas pour autant l'ambition d'Élisabeth de Fontenay de faire reconnaître un statut juridique à l'animal. Cela ne me paraît pas possible. Car comment décider quels sont les animaux « supérieurs », dignes d'être protégés par un droit quelconque ? Pourquoi la poule serait-elle inférieure au chat et le moustique à la poule ? Définir un droit de l'animal impliquerait d'introduire une sorte de racisme à l'intérieur du règne animal. Mais d'après Françoise Dastur, qui est une philosophe pour laquelle j'éprouve une immense estime autant que de l'amitié, il ne faut pas penser en termes de supériorité ou d'infériorité mais plutôt d'altérité. On ne peut comparer les poules et les chats, ni les poules et les moustiques. Chacun est différent et il s'agit de concevoir une égalité non hiérarchisée. Je suis d'accord. Même si je ne suis pas toujours d'accord avec Françoise Dastur sur tous les sujets… puisqu'elle n'est pas toujours de mon avis ! Ce qui m'oppose aussi à Élisabeth (je m'en tiens à son prénom : elle a été ma collègue), c'est qu'elle n'admet pas, je crois, la notion d'un « propre » de l'homme. Le chien aboie, le chat miaule, etc. Si l'on ne veut pas que l'homme ait son « propre » (qui est, pour moi, la liberté), on creuse un abîme entre l'homme et l'animal.

Je mentirais en prétendant que j'ai un bon souvenir des travaux des champs. Je m'y ennuyais parce qu'ils me détournaient de ce que je considère comme mon vrai travail : la philosophie. Néanmoins, cette condition paysanne, cette expérience du travail des champs, m'ont sûrement formé — nous ne sommes pas maîtres de tout ce qui nous forme. Quand on est absorbé par le travail, j'entends le travail des champs, on est entouré par la beauté de la nature mais on ne la regarde pas. Cependant, elle est là, les rythmes naturels sont là. Il y a le point du jour, il y a l'aurore, il y a l'arrivée du soleil, puis le zénith, la tombée du soir, le crépuscule, la nuit. Et tout cela commande le rythme de votre propre vie. Ainsi, respecter un rythme est une habitude que j'ai gardée dans mon travail de philosophe. C'est pourquoi je suis lent, comme l'est tout paysan. Même dans ma réflexion, je suis lent. J'ai d'ailleurs retrouvé un peu de cette lenteur chez Heidegger, bien qu'il n'ait jamais été paysan. Dans le travail des champs, on ajuste d'avance sa conduite en fonction des tâches à accomplir, on prévoit, on anticipe, on sait dans quel ordre les choses doivent se faire, et cet ordre des choses est intériorisé. Faire les choses dans l'ordre, en temps et en heure : c'est ainsi que je travaille encore. Je commence par disposer les livres dont j'aurai besoin, je fais en sorte que le dictionnaire de grec ne soit pas trop loin, je me crée un petit univers où tout est à portée de main et je sais dans quel ordre je vais utiliser chaque chose. Je vois aussi, en gros, ce que sera l'enchaînement de mes pensées. Oui, je peux dire que ma vie se trouve toujours en état d'organisation.

4

École laïque et catéchisme

J'ai appris à lire tardivement. Jusqu'à 9 ans, j'étais élève à l'école communale d'Altillac, où mon instituteur s'appelait M. Brillat. Il était toujours tiré à quatre épingles, très droit, avec une chemise blanche et une cravate, ce qui est devenu rare chez les enseignants. Nous apprendre quelque chose était pour lui une activité secondaire par rapport à sa principale occupation qui consistait à lire le journal. Je ne conteste pas néanmoins qu'il m'ait appris quelque chose : il m'a appris la politesse. Il m'a aussi appris à admirer les grandes figures de l'histoire : Du Guesclin, le chevalier Bayard, Jeanne Hachette, Jeanne d'Arc… Nous les considérions comme des personnalités exemplaires qui devaient nous inspirer. Les Grecs jugent un être humain tout autrement que les chrétiens. Pour eux, l'idéal de l'homme est l'excellence. Tandis que les chrétiens nous demandent en premier lieu quelles sont nos fautes, les Grecs nous demandent : « Qu'avez-vous fait de meilleur ? » Alcibiade a eu beau faire les quatre cents coups, il n'en demeure pas moins celui qui a accompli quantité de choses belles. Les héros d'Homère non plus ne sont pas toujours bons et honnêtes. Achille, durant les neuf années de la guerre de Troie, a ravagé nombre de cités et réduit pas mal de jeunes gens en esclavage, y compris Briséis dont il est tombé amoureux. Seulement voilà : Achille, c'est Achille, c'est-à-dire celui qui a choisi de s'illustrer par l'exploit. M. Brillat nous a transmis un peu ce sentiment-là. Peu importe après tout que nous ne soyons pas très forts en dictée — c'est vrai que nous étions nuls ! —, seul comptait ce que nous ferions de bien dans la vie. On s'y prendrait comme on pourrait.

L'école primaire fut donc pour moi l'occasion de jeux et de promenades. Pendant que M. Brillat lisait le journal, nous jouions dans la classe. Chacun avait un hanneton dans une boîte : libéré, l'insecte devait parvenir à grimper le long du pupitre — ce qui n'était pas facile puisque les pupitres étaient inclinés en ce temps-là. D'autres jouaient à la bataille navale… Et, au milieu de ces jeux, un certain Pellicaud, un « grand », m'a appris à lire. Tandis qu'il me faisait répéter la lettre « g », je voyais sa mèche blonde tomber comme un « g » sur le papier. À 9 ans, je savais donc à peu près lire, grâce également à ma tante Alice.

S'étant aperçus un beau jour que les enfants ne progressaient pas beaucoup, les parents les ont retirés de l'école. Il n'y est plus resté que le fils du facteur, qui habitait non loin de là. Nous avons alors dû traverser le pont et aller à l'école de Beaulieu. Le travail y était sérieux jusqu'au certificat d'études. Cette année-là, j'ai aussi passé le concours des bourses mais j'ai échoué à cause d'une note éliminatoire en dissertation. Le sujet était : « Racontez les bruits que fait le laitier le matin », un sujet pour éliminer les fils de paysans — je ne veux pas dire que ceux qui l'avaient choisi l'avaient fait exprès. Seulement, les bruits du laitier, nous ne pouvions pas comprendre à quoi cela renvoyait. Il n'y avait pas de laitier dans les campagnes. Il passait le matin dans les villes déposer le lait, et souvent le journal, devant les maisons. Ce sont donc les enfants des villes qui ont obtenu les bourses. Lucette, qui vivait à Brive, a été reçue brillamment.

Je ne sais pas si l'argent des bourses aurait permis à mon père de m'envoyer comme interne au lycée de Tulle. De toute façon, l'idée de m'y inscrire ne lui est pas venue à l'esprit et, moi-même, j'ignorais qu'il y avait un lycée à Tulle, j'ignorais que l'on pouvait être élève, non pas d'un cours complémentaire mais d'un lycée… Je suis donc resté au cours complémentaire. Pendant six ans, avec les mêmes élèves, dans la même classe, avec le même instituteur. Nous n'apprenions aucune langue puisque ce dernier n'en connaissait nulle autre que le français. Nous apprenions des savoirs tout faits mais aucune méthode, rien de ce qui aurait pu nous être utile pour l'avenir. J'ai tout de même appris à écrire en français, et en bon français, tellement bon que l'instituteur lisait mes rédactions avec suspicion : « Mais qui a écrit cela ? » me demandait-il. Il mettait en doute le fait que celui à qui il demandait d'aller lui chercher des vers dans le ruisseau pour la pêche pouvait écrire ainsi. Il croyait que j'étais un fils de paysan ordinaire, ce qui n'était pas le cas ! Je me débattais dans une sorte de souffrance, un malaise que je ne savais pas identifier. Je me sentais déplacé là où j'étais. J'ai eu des camarades mais il ne m'est resté aucun ami (sauf Jean Veillerot). J'ai le sentiment aujourd'hui que, durant ces six années, il ne m'est rien arrivé de bon.

Après ma première communion, j'ai reçu quelque argent de ma tante Pauline de Paris et j'ai commandé les « Classiques » Hatier. J'ai écrit à la maison Hatier, rue d'Assas, pour que l'on m'envoie tous les classiques dont la liste figurait sur la quatrième de couverture. J'ai lu alors *Prométhée enchaîné*, d'Eschyle, c'était fabuleux. J'ai lu Auguste Comte, mais je n'ai pas immédiatement compris son importance, que l'on ne mesure toujours pas aujourd'hui, alors qu'il est à mon avis un auteur capital. J'ai reçu aussi du Stuart Mill, et là, franchement, je l'ai méprisé ! Schelling a dit : « Je méprise Locke », c'était Schelling, moi je ne pouvais pas mépriser Locke, je ne méprisais que Stuart Mill. Aujourd'hui, je dirais, avec Leibniz : « Je ne méprise presque rien. » Parmi ces classiques, les *Fondements de la métaphysique des mœurs* de Kant est le livre qui m'a vraiment attaché. À 15 ans, j'ai trouvé le début un peu difficile mais il m'a été très utile pour la suite de connaître déjà un peu Kant. Enfin, vers l'âge de 16 ou 17 ans, mon auteur de chevet a été Pascal.

Je ne veux pas être injuste avec le cours

complémentaire. Après tout, l'instituteur, M. Salesse, préparait les élèves comme il le devait pour passer soit le concours des postes, soit le concours de l'école normale primaire de Tulle. Il n'envisageait pas autre chose pour les fils de paysans, tandis qu'il envoyait son propre fils au lycée. Plus tard, après que j'ai eu passé l'agrégation, j'ai reçu une lettre de M. Salesse me demandant d'intervenir auprès du lycée Saint-Louis à Paris pour que le proviseur accepte son fils en classe préparatoire. J'ai écrit au proviseur, autrefois rattaché au lycée de Tulle, et son fils est entré à Saint-Louis. Cela m'a amusé un peu... Pour les fils de paysans de la Corrèze ou ceux des petits employés du chemin de fer, le concours de l'école normale primaire demeurait donc le seul moyen de s'en sortir. Autrement, on restait à la ferme à arracher les pommes de terre et à garder les vaches.

J'ai passé le concours en 1939, à 17 ans, et j'ai échoué lamentablement avec une note éliminatoire en gymnastique. Je me suis retrouvé devant des agrès que je n'avais jamais vus, en l'occurrence une barre fixe, dont je n'ai pas su quoi faire. J'ai imaginé que, sans doute, il fallait monter d'un côté, passer sur la barre et descendre de l'autre côté. Les normaliens entrés l'année précédente, qui étaient là comme spectateurs, ont beaucoup ri et se sont, paraît-il, moqués de moi pendant des années. Les examinateurs en tout cas ne pouvaient même pas me donner un quart de point et j'ai donc été recalé au concours. L'inspecteur a fait des reproches à mon instituteur qui, dès le lendemain, a fait installer une barre fixe dans la cour de l'école. Pendant toute l'année qui a suivi, je m'y suis exercé avec acharnement, je suis devenu très fort pour faire le petit soleil et le grand soleil. J'ai repassé le concours en 1940 et, cette fois, il n'y avait pas de barre fixe, mais une corde lisse. Là, j'ai compris d'emblée qu'il fallait certainement grimper aussi haut qu'on le pouvait, c'est-à-dire, en ce qui me concernait, pas très haut.

Cette barre fixe a en réalité décidé de mon existence. Le fait d'avoir échoué au concours en 1939 m'a orienté dans une direction tout autre. Et cette direction a dépendu... du gouvernement de Vichy. J'ai été reçu major au concours au printemps 1940, avec un 19 sur 20 en dissertation française. Mais, en octobre, alors que nous attendions la rentrée, nous avons su que le ministre de l'Éducation de Pétain avait décidé de supprimer les écoles normales primaires. Les élèves de ma promotion (nous étions treize à avoir réussi le concours) allaient donc être orientés vers le lycée Edmond-Perrier de Tulle où ils seraient accueillis comme élèves-maîtres boursiers. C'est ainsi que, à l'âge de 18 ans, je suis entré au lycée, et cela a changé ma vie.

Le rôle du hasard fut donc essentiel dans mon existence et il l'est également dans ma philosophie, comme il l'est chez Épicure. Je me retrouve dans la fortune (*tyché*) des Grecs. D'après Hésiode, elle est fille de l'océan. D'après Pindare, elle est fille de Zeus libérateur (*Zeus eleutherios*). Le hasard, ou la fortune, en effet, nous libère. C'est l'intuition épicurienne fondamentale. Épicure, nous rapporte Lucrèce (car c'est surtout par le *De natura rerum* du second que nous connaissons la physique du premier), a donné une forme particulière au hasard dans la Nature : la *parenklisis*, que Lucrèce nomme en latin le *clinamen*, littéralement l'« inclinaison » de côté de l'atome. Cette inclinaison, cette légère déviation de l'atome lors de sa chute dans le vide étant imprévisible et aléatoire, elle rend donc imprévisible toute rencontre d'atomes, donc tout est imprévisible et aléatoire. C'est pourquoi Lucrèce dit que le *clinamen* d'Épicure nous libère de la fatalité telle que la concevaient les stoïciens. Grâce à la déviation de l'atome, tout n'est pas que nécessité. Cette intuition est aujourd'hui reconnue par la physique quantique. Quant au rôle du hasard dans la vie, nous n'avons qu'à nous regarder. « Nos actes ne sont que des coups de dés dans la nuit noire du hasard », comme l'écrit mon ami Roland Jaccard dans un livre charmant, *Une Japonaise à Paris* (L'Éditeur, 2014, p. 58).

Selon Épicure, un hasard fondamental se trouve à l'origine de toute chose. Et je crois qu'il a raison : le fond éternel de la Nature est un désordre fondamental. Comme le désordre, ou le hasard, produit ce tout de la Nature, toutes les combinaisons possibles, il est inévitable qu'à un moment donné apparaisse une combinaison ordonnée. Le désordre produit l'ordre parce que l'ordre n'est qu'un cas particulier du désordre. Par exemple, si je mets dans une urne toutes les lettres qui correspondent à la phrase « Napoléon est mort à Sainte-Hélène le 5 mai 1821 » et si je retire de l'urne les lettres une à une, il est inévitable qu'elles finissent par former cette phrase. Il suffit d'attendre assez longtemps… Très longtemps. Il faut être patient avec le désordre. Les épicuriens présupposant un espace et un temps infinis, la Nature dispose d'un temps infini. C'est ainsi qu'elle est créatrice : de ce désordre fondamental naît continuellement l'ordre du monde. J'aime dire que la Nature est le poète premier. Tout ce que je vois, ces arbres, ces fleurs, cette beauté, égale les beaux vers d'un poète. C'est pourquoi, contrairement à ce que pensent ceux qui croient en la Providence, on ne peut pas préjuger de ce que la Nature est capable de produire.

Pausanias estime que Pindare fait du hasard une « destinée » (une des *Moïrai*, des « Moires ») parce que, si, d'un côté, le hasard nous libère du destin, comme nous l'explique Lucrèce, d'un autre côté, il nous destine, c'est-à-dire qu'il nous lance sur une autre voie. Pour moi, le hasard s'est présenté sous ces deux côtés ; l'autre voie fut, à la rentrée d'octobre 1940, le lycée. J'ai découvert ce qu'étaient des cours et j'en ai été très heureux. On nous a mis d'abord en classe de seconde, alors que, vu notre niveau et notre âge, on aurait dû nous mettre en terminale — sans doute encore un effet de ce préjugé selon lequel nous, paysans corréziens, étions d'une espèce inférieure. Nous avons donc pris tout de suite la tête des classes. En seconde, j'ai suivi un cours de français merveilleux. Le professeur, qui s'appelait M. Teyssier, nous faisait goûter la langue, il en avait un tel amour qu'il me l'a transmis. Ensuite, en première, j'ai eu comme professeur de français Mlle Marie-Thérèse Tronchon. Au bout de quelque temps, j'ai senti qu'elle avait été créée pour moi. Cependant, elle n'en savait rien. J'avais décidé de me marier et d'avoir des enfants parce que je pensais qu'un philosophe, condition à laquelle je me destinais, devait connaître tous les aspects de la vie humaine. Donc, il devait connaître le mariage et même, éventuellement, avoir une femme aussi impossible que la Xanthippe de Socrate, et avoir aussi des enfants impossibles ! Sur ce point, je n'étais pas d'accord avec Sartre qui voletait ici ou là, d'un voyage à l'autre, en perpétuel adolescent. J'étais en accord avec tous les philosophes qui n'ont pas dédaigné de connaître le mariage… même si on ignore le plus souvent le nom de leurs épouses. Qui connaît l'épouse de Hegel ? Elfride Heidegger est connue… mais à cause de Hannah Arendt qui avait une liaison avec son mari.

Comment et quand ai-je vraiment décidé

d'être philosophe ? J'ai l'impression que c'est une chose qui a été décidée depuis toujours. Au moment où je lisais Kant dans mes « Classiques » Hatier, tout en assurant les travaux des champs pour mon père, je savais clairement que je continuerais dans la voie de la philosophie même si, à l'époque, j'ignorais comment. De la même façon, j'ai décidé de me lier d'amitié avec Marie-Thérèse. Je suis allé la trouver en lui demandant d'être mon « correspondant en ville », ce qui me permettait de sortir de l'internat le jeudi et le dimanche. Je suis arrivé chez elle après avoir essuyé une averse. Elle m'a fait monter dans sa chambre, la seule pièce où se trouvait un calorifère, pour faire sécher ma veste. Elle a bien sûr accepté d'être mon « correspondant ». Ensuite, nous sommes allés régulièrement nous promener.

La Providence n'a jamais rien eu à voir avec ces hasards et ces choix de ma vie et je n'ai pas vraiment persisté dans la croyance chrétienne qui avait été en principe la mienne jusque-là. À Beaulieu, la classe finissait à 11 heures mais il me fallait suivre la leçon de catéchisme à l'église d'Altillac, en haut de la commune, tous les jours à midi. Puis je devais être revenu à l'école pour les cours de l'après-midi. Entre 11 heures et 14 heures, je ne faisais que courir. Quelquefois, j'arrivais en retard au catéchisme, ce qui ne plaisait pas au curé. Mais ce qui lui déplaisait pardessus tout, c'était que je posais des questions. Je demandais ce que signifiait notre existence, notre création par Dieu… Le curé s'en est plaint à mon père : « Marcel pose des questions. » Mon père m'a réprimandé et m'a incité à apprendre plutôt par cœur la liste des départements et sous-préfectures — qui était pour lui un des sommets de la culture. Je l'ai apprise et je suis allé la lui réciter tandis qu'il taillait la vigne. Cela ne m'a pas empêché de garder un bon souvenir de ma première communion parce que ma tante Alice avait fait une crème aux œufs excellente. Nous avons défilé dans l'église, j'avais un beau costume de marin et nous disions solennellement : « Je renonce à Satan, à ses pompes et à ses œuvres, je m'attache à Jésus-Christ pour toujours. » La formule date du Moyen Âge. Personne ne savait ce que pouvaient bien être ces « pompes », ces « œuvres ». La « pompe », du moins au Moyen Âge, était le cortège de Satan et ses « œuvres » étaient les dieux du polythéisme auxquels il nous faisait croire.

Pour nous, ce jour-là fut une fête. Dans

la chambre, qui était la plus grande pièce de la maison, on avait mis la table avec des rallonges. Mon père avait invité M. Glaize, le conseiller général du canton, et la conversation roula sur le riz « non décortiqué » dont l'élu vantait les vertus. Seule ma tante Alice n'était pas contente parce que le curé lui avait interdit de communier à la messe. En préparant la crème aux œufs, elle avait léché la cuiller. Or, comme il fallait arriver à la table de communion absolument à jeun, sans avoir rien mangé ni bu, elle était allée demander à M. le curé si elle pouvait communier bien qu'ayant léché la cuiller. Il lui avait répondu : « C'est un péché, faites un acte de contrition et ne communiez pas. » Quand j'ai raconté cela à l'actuel curé d'Altillac, il a trouvé que cette histoire de crème aux œufs était une histoire de fous.

Par la suite, j'ai dû continuer d'aller à la messe. Tous les ans au 1er avril pour ma maman. Et le dimanche, à la messe du matin et aux vêpres l'après-midi à 15 heures où l'on chantait l'« Ave Maris Stella ». C'était ma tante qui insistait. Mon père, lui, ne me parlait jamais de questions de religion. Ici, c'est comme en Corse : tout se célèbre selon l'usage, donc à l'église : la messe, les enterrements, les mariages, les baptêmes. Mais c'est seulement la tradition. Mon père, de même, respectait l'église. Lorsqu'il était maire d'Altillac, il veillait à ce qu'elle soit bien entretenue. Pour moi, suivre les rituels religieux était quasiment automatique et n'entraînait aucune réflexion particulière. Je savais que j'étais en dehors de tout cela mais aussi que j'étais dans un monde où devaient être respectés un certain nombre de gestes et de comportements convenables pour être admis, pour être comme les autres. Toute cette religion, j'y ai peut-être cru dans mon enfance de façon superstitieuse. Enfin, vers mes 16 ans, j'ai cessé d'aller à la messe.

5

Sur les pentes de Tulle

Tout en étant élève-maître au lycée de Tulle, j'étais le « chevalier servant » de Mlle Tronchon. Nous nous promenions donc ensemble sur les pentes de Tulle qui, en ce temps-là, étaient sauvages, couvertes d'arbres, de fougères et de prairies. Dans ces promenades, nous rencontrions souvent tel ou tel autre de mes professeurs, collègues de Marie-Thérèse. Il ne venait à l'esprit de personne de désapprouver cette intimité entre professeur et élève. Nul n'y voyait une relation amoureuse ordinaire et, d'ailleurs, je me comportais comme si j'étais absolument innocent et naïf, ignorant tout de l'amour (ce qui n'était pas le cas : j'avais été amoureux de Lucette) et ne songeant qu'à discuter avec une interlocutrice que j'admirais pour son intelligence et son immense culture.

Marie-Thérèse avait quinze ans de plus

que moi. Son père avait été un brillant professeur de littérature comparée à l'université de Strasbourg après avoir rédigé une thèse sur Herder, et elle, elle fut l'une des premières femmes en France agrégées de lettres classiques. Lorsqu'elle était professeur au lycée de jeunes filles de Strasbourg avant la guerre, elle venait toutes les semaines à Paris pour suivre les nouveautés en littérature, au théâtre, en musique, au cinéma. Elle méprisait Anouilh (dont le nom rime avec « nouilles », disait-elle) mais adorait Giraudoux. Moi qui sortais de mes buissons corréziens, j'étais ébahi d'entendre parler de toute cette vie culturelle dont je n'avais aucune idée. Elle me citait avec passion les poètes qu'elle aimait : Aragon, Rilke, Michaux, Apollinaire, et elle m'a tant parlé de Proust que je me suis économisé de le lire en entier. Mon instituteur du cours complémentaire à qui j'avais demandé un jour si je pouvais lire Proust m'avait répondu : « Oui, si tu veux perdre ton temps ! » C'est dire si mon opinion sur l'auteur de *La Recherche* était sommaire.

Je reconnaissais chez Marie-Thérèse le goût artistique qui m'a toujours fait défaut. Je n'y entends rien pour juger de la qualité de la littérature, de la musique, de la peinture ou du cinéma. Je suis capable d'apprécier un navet comme un chef-d'œuvre. Mon fils, d'ailleurs, qui est très cinéphile et ne jure que par Godard, ne comprend pas que je prenne autant de plaisir à un épisode de *Columbo* qu'à *L'Année dernière à Marienbad*, de Resnais. Quand Marie-Thérèse n'aimait pas un roman, je ne le lisais pas. De sorte que je n'ai lu, de la littérature contemporaine, que le meilleur. Je connaissais le roman russe, mais elle me fit connaître Faulkner qu'elle admirait particulièrement et le roman américain classique (Steinbeck, Dos Passos, etc.). Elle aimait les romancières anglaises et me les fit aussi apprécier. Rosamond Lehmann, Katherine Mansfield, Margaret Kennedy — j'ai relu plusieurs fois *La Nymphe au cœur fidèle* —, Mary Webb et, bien sûr, Emily Brontë étaient mes préférées. Là où Marie-Thérèse ne me rendit pas service, c'est en me révélant le roman policier. Le jeudi et le dimanche, je quittais le lycée Edmond-Perrier pour gagner le 44, place de la Préfecture où elle habitait et, les jours de pluie, assis dans un fauteuil, je l'écoutais me lire *Le Meurtre de Roger Ackroyd* — non encore traduit en français mais qu'elle traduisait à mesure (je ne savais pas assez d'anglais, langue inconnue au cours complémentaire de Beaulieu). J'ai lu toutes sortes de romans policiers, depuis le roman psychologique à la Agatha Christie, le roman intellectuel d'Ellery Queen, jusqu'au roman noir de James Hadley Chase en passant par le roman à énigme de Dorothy Sayers et le roman bâclé (!) d'Erle Stanley Gardner. Que de fatigue pour mes yeux et que de temps perdu !

Pourtant, durant les cinquante ans que devait durer notre mariage, ma femme fut pour moi l'arbitre du goût. Je crois d'ailleurs l'avoir épousée un peu à cause de cette qualité. Comme le dit Pascal (*Pensées*, fr. 323 Br.) : « On n'aime donc jamais personne mais seulement des qualités. » Peut-être a-t-il tort car l'amour que j'ai éprouvé bien plus tard pour Émilie, dont je reparlerai, est cet amour absolu qui, au contraire, compte pour rien les qualités ou les défauts personnels — et Émilie a de nombreux défauts ! Mais Pascal a raison en ce qui concerne mon attachement à Marie-Thérèse : j'ai aimé Marie-Thérèse à cause de ses qualités.

Quoique n'éprouvant pas pour elle un vrai amour de désir, j'avais l'idée que Marie-Thérèse serait ma femme. Cette certitude peut sembler étrange mais, aujourd'hui encore, j'estime que je l'ai eue à raison. Au fond, quoique ignorant presque tout de l'amour, je m'y intéressais fort peu ; j'ai toujours pensé, et je le pense encore, qu'il ne pouvait, à lui donner trop d'importance, que me faire perdre du temps. Cette relation d'amitié avec Marie-Thérèse me convenait. J'y apprenais tant ! J'étais même soulagé qu'elle ne s'intéresse pas à la philosophie. Elle avait passé, m'a-t-elle avoué, son année de philosophie au lycée à tirer les cheveux de la fille assise devant elle. L'art de la discussion me ravit, en tant que philosophe, car je ne déteste pas avoir raison, c'est pourquoi, justement, je n'avais pas envie de discuter de cette façon avec Marie-Thérèse.

Lorsque nous arpentions les pentes de Tulle, nous nous disputions souvent sur le rôle du rationnel et de l'irrationnel dans les décisions que nous prenons. J'insistais bien entendu sur le rationnel, jusqu'à recourir à des démonstrations de mathématiques pour le lui prouver. Elle m'objectait : « Mais les mathématiques, ce n'est pas la vie ! » Elle était persuadée que nos choix de vie se décidaient au fond sans véritable pensée, sous l'influence de facteurs irrationnels. Elle songeait sans doute à l'amour. À l'époque où je l'ai connue, j'étais le seul de ses élèves à la considérer comme une femme (charmante et désirable), mais je n'étais pas le seul à venir chez elle. Déjà, elle accordait beaucoup d'attention à ses élèves pour qu'ils réussissent. Je me souviens qu'elle aidait Benoît Mandelbrot, un Polonais réfugié, à progresser en français. Il est devenu le très grand mathématicien que l'on sait et lui a dédié un de ses livres sur les fractales. Toute sa vie, Marie-Thérèse a aimé enseigner et ses élèves l'adoraient. Après que j'eus publié *Montaigne ou la Conscience heureuse*, comme on me demandait un livre sur Giraudoux, je lui dis : « C'est à toi de le faire. Tu le connais si bien ! » Mais écrire un livre sur ce qu'elle aimait ne l'intéressait pas. Ce qui l'intéressait était de vivre, sans plus : passer du temps avec sa famille, ses amis, ses élèves, partager ses lectures ou regarder des films avec eux. Elle ne voulait pas se distraire de la vie.

Grâce à Marie-Thérèse, je suis entré au 44, place de la Préfecture, à Tulle, qui est devenu un grand centre d'intérêt pour moi. C'est là que, pendant l'Occupation, elle vivait avec sa mère, Mme Élise Tronchon, et avec sa sœur, Mireille. Mme Tronchon était native de Tulle et cette maison avait appartenu à son père, qui avait été le directeur de la manufacture d'armes de la ville. C'est là qu'elle et ses filles s'étaient réfugiées après avoir dû quitter Strasbourg à cause de la guerre. Je n'ai jamais rencontré Henri Tronchon, mort en 1941. Originaire de Treffort, dans le Revermont (Ain), il avait été nommé un beau jour à Tulle où il avait rencontré sa future femme, Élise Bourg. À Strasbourg, la famille Tronchon participait à la vie mondaine intense d'avant la guerre. Les professeurs d'université, de toutes les disciplines, se recevaient entre eux. C'est ainsi que Mme Tronchon connaissait de grands professeurs, historiens ou philosophes, car elle s'intéressait beaucoup à la philosophie. Elle avait connu Maurice Pradines, l'auteur du *Traité de psychologie générale* en trois volumes (que j'ai dû longuement étudier en préparant l'agrégation) et Carteron, le traducteur d'Aristote, Lagache, le psychanalyste, Cavaignac, l'historien, etc. Martial Gueroult, qui fut mon professeur à la Sorbonne en 1946, et est l'auteur d'au moins un ouvrage fondamental, superbement ignoré aujourd'hui (*Philosophie de l'histoire de la philosophie*), savait même le surnom de Marie-Thérèse : Mimi. Tout le monde l'appelait Mimi. Et moi aussi.

Je respectais beaucoup Élise Tronchon et nous parlions de philosophie. En 1947, elle lisait *L'Être et le Néant*, de Sartre. Quand j'avais vu ce livre, lors de sa parution en 1943, dans la devanture de la librairie Pradel à Tulle, j'avais immédiatement voulu l'acheter. Seulement, je n'avais pas assez d'argent. Maman Marie m'avait donné son louis d'or, sa seule richesse. La banque me l'avait échangé contre 200 francs que j'avais aussitôt dépensés pour acheter le *Manuel de philosophie* de Cuvillier, parce que je me figurais, à tort, qu'il m'apprendrait la philosophie. Mais, en 1945, lorsque je suis devenu maître d'internat, on me payait grassement : je gagnais 4 000 francs par mois, nourri et logé. Alors, j'achetais des livres. J'ai donc pu enfin lire *L'Être et le Néant* et je me suis aperçu que certaines pages étaient interverties dans cette première édition. Mme Tronchon avait elle aussi remarqué cette erreur de pagination, signe qu'elle l'avait bien lu. Mimi, bien sûr, ne le lut pas. Elle s'intéressa aux romans de Sartre, qui lui déplurent ; elle n'aima pas non plus les romans de Malraux.

Au 44, place de la Préfecture, je découvris une autre classe, cette bourgeoisie que je détestais tant. Je la détestais sans la connaître et pour une unique raison : je n'avais pas eu la chance d'aller dans un lycée classique. Je détestais la bourgeoisie parce que j'avais passé six ans à ne rien apprendre (c'est-à-dire rien de ce qui m'était essentiel) dans un cours complémentaire alors que j'aurais pu étudier le grec et le latin dès mon adolescence et non pas à 22 ou 23 ans. À partir de ce moment-là, rattraper mon retard a été mon obsession. J'ai consacré tous mes loisirs, durant des années, à étudier avec acharnement les grammaires latine et grecque. Néanmoins, en arrivant dans la bourgeoisie, je me suis vite aperçu que je devais « pluraliser » ma conception des classes. Il existe des bourgeoisies très vulgaires, celles des financiers, des nouveaux riches et autres trafiquants ; et d'autres très cultivées qui connaissent la courtoisie, le savoir-vivre et la délicatesse. Mimi était de cette bourgeoisie-là. Mon appréhension des classes sociales est cependant demeurée assez sommaire, très mal fondée sur des critères objectifs.

J'ai compris rapidement que, pour les mêmes raisons, la politique n'était pas une voie pour moi. Après la guerre, je prendrais ma carte au Parti communiste ici, à Altillac, sous l'influence d'un voisin qui se croyait communiste. En 1950, je ferais signer « l'appel de Stockholm » jusque dans les hauteurs de la commune. Étudiant à Paris, et oubliant ma tentation communiste, je serais comme tous les étudiants de l'époque : sartrien contre Raymond Aron, trop à droite, et contre Camus, trop sage. J'irais à quelques meetings de Jacques Duclos (notamment un où parlerait Jean-Paul Sartre) et ne me préoccuperais plus de politique. J'avais autre chose de plus important à faire. Ma vie d'étudiant à Paris était difficile, en ce temps-là. Ne voulant pas de l'argent que Mimi m'offrait (elle avait assez fait en me donnant de quoi « monter » à Paris), je perdais mon temps — ce que je déteste — à travailler pour une « boîte à bachot », rue Madame, à être pion au lycée Saint-Louis, au collège d'Étampes, professeur intérimaire à Aurillac (nous habitions rue Raymond-Poincaré, dans une pièce que Marcellin, cousin de Mimi, nous prêtait : le train de nuit m'amenait à Aurillac pour le cours du matin). Le résultat de cette perte de temps fut mon échec à l'agrégation en 1948.

6

Dans les bois

La route d'Aurillac, que l'on prend à partir d'Altillac-Bas, passe à La Chapelle-Saint-Géraud. Plus loin sur la droite, un panneau indique « Camps ». C'est là-haut, dans les bois, que se trouvait le maquis des habitants d'Altillac. Mes amis Jean Veillerot et Jean Leyssenne, Rivière, un ancien lycéen de Tulle, mon vieux camarade Poulvélarie (qui plus tard sera maire d'Altillac), et beaucoup d'autres jeunes gens se sont gelés dans les bois de Camps durant l'hiver de 1943 à 1944 et, pour certains, durant celui qui a précédé. Tandis que moi, j'étais au chaud, même si nous n'avions pas le chauffage central. Pourquoi ne les ai-je pas rejoints ? J'étais déterminé à ne pas dévier de la route que je devais suivre : rattraper autant que possible le temps que j'avais perdu et étudier sans relâche la grammaire latine, la grammaire grecque, les auteurs latins et grecs. Je voulais lire tout ce qui concernait l'Antiquité. C'était ma voie et je n'avais pas le droit, vis-à-vis de moi-même, de la contourner. C'est pourquoi je n'étais disposé à aucune autre action, aucun autre engagement, à moins qu'ils ne soient absolument nécessaires.

Le 22 juin 1941, alors que mes camarades et moi sortions du réfectoire au lycée Edmond-Perrier à Tulle, nous apprîmes que Hitler avait envahi l'URSS. Notre conviction fut immédiate : « Hitler est fichu. » En combattant les Russes d'un côté et les Anglais de l'autre — et, derrière les Anglais, les Américains —, il était impossible qu'il gagne la guerre. Cette issue, que nous espérions tant, étant désormais inéluctable, mon engagement dans la Résistance n'y changerait rien. Il n'était donc pas absolument nécessaire. Il est vrai que ce dénouement, quoique certain en toute logique stratégique et militaire, n'était pas assuré tant qu'il n'avait pas eu lieu. Autrement dit, nul ne pouvait prédire quand Hitler perdrait la guerre ni quelle action serait décisive pour accélérer sa défaite. Certains, portés par la certitude d'un combat ultimement victorieux, n'en ont été que plus pressés de rejoindre la Résistance. Moi, au contraire, j'ai mesuré combien le risque était grand que je perde encore plus de temps que je n'en avais déjà perdu, peut-être plusieurs précieuses années d'études.

Quelque chose pourtant peut donner à penser que mon choix ne fut pas tout à fait simple à assumer, qu'il y eut de ma part une certaine hésitation. En effet, un beau jour, après que j'eus dit à ma tante : « Je vais préparer mon sac pour rejoindre mes amis là-haut, à Camps », mon père monta me voir dans ma chambre, ce qui ne lui arrivait jamais. « Je te demande de rester tranquille et de ne pas monter au maquis. Fernand a été tué, c'est assez. » Fernand était mon cousin germain, fils de mon oncle Urbain, le frère de mon père qui vivait à Paris. Lui-même vivait chez nous, jusqu'au moment où il s'était engagé dans l'armée. Or il avait été tué sur la Somme en 1940 et sa mort avait extraordinairement fait souffrir sa grand-mère Françoise. Depuis, elle ne songeait qu'à « rejoindre Fernand ». Ma sœur Michèle avait beaucoup pleuré la mort de Fernand. Je me suis donc rangé aux conseils de mon père. Peu avant la Libération, ceux-ci ont pris une tout autre signification puisque j'ai appris que lui-même appartenait à la Résistance. Pour protéger sa famille, il était évidemment préférable que nous n'en sachions rien, *a fortiori* que je ne m'engage pas moi aussi, ce qui nous aurait doublement exposés au danger.

Faut-il comprendre qu'il y a eu chez moi quelque flottement ? Ai-je eu réellement l'intention, ne fût-ce qu'un moment, de préparer mon sac et de rejoindre le maquis ? Pas du tout, et mon sac ne fut jamais préparé. Alors, pourquoi cette comédie ? Quand j'ai dit à ma tante : « Je vais préparer mon sac pour aller au maquis », je savais que, sans tarder, elle répéterait ces paroles à mon père, qu'il monterait dans ma chambre et me demanderait : « Reste tranquille. » C'est ce qu'il a fait et j'avais besoin qu'il me dise cela, bien que n'ayant aucune intention de ne pas « rester tranquille ». J'avais parfois une espèce de gêne à penser à mes amis là-haut, sous la tente, dans le froid de la nuit, avec une cigarette pour deux. Les paroles de mon père apaisèrent ma conscience. Et s'il avait dit autre chose ? Cela ne se pouvait pas : bien que ne sachant rien de son engagement dans la Résistance, je le soupçonnais. Il fut d'ailleurs arrêté par la police de Vichy, après que l'on eut trouvé dans sa grange des effets de maquisards. Mais, outre qu'il argumenta ignorer tout de ce qui se faisait dans sa grange (éloignée de la maison), le fait que je sois en situation « régulière » (alors, instituteur à Pompadour) lui fut utile et on le relâcha bientôt. Et si mon père au contraire m'avait demandé d'entrer dans la Résistance (armée) ? Je lui aurais expliqué, bien que n'ayant pas encore traduit le *Tao Te king* de Lao-tseu, que ce n'était pas ma « Voie ».

Je me suis ainsi contenté de résister aux injonctions venant des autorités d'ici ou de là, qui voulaient m'envoyer en Allemagne. J'étais de la « classe 42 » et donc destiné au STO (le Service de travail obligatoire mis en place par Pierre Laval en 1943 concernait les jeunes nés entre 1920 et 1922). Il était hors de question pour moi de partir au STO ! Alors, après avoir passé avec succès le conseil de révision en 1944, j'ai réussi à trouver un stratagème pour que mon dossier militaire soit égaré. Les gendarmes ne m'ont retrouvé qu'au bout de quatorze ans, en 1958, à Versailles. J'avais 32 ans, c'était la guerre d'Algérie. Ils m'ont fait repasser le conseil de révision, mais j'avais subi entretemps un décollement de rétine et j'ai été réformé.

Durant l'Occupation, entre les garçons de ma promotion au lycée de Tulle, régnait une compréhension totale, de tous à l'égard de chacun, sur les engagements politiques. Cette attitude est peut-être difficile à imaginer aujourd'hui parce que nous jugeons l'histoire de loin, en voyant la France d'alors scindée entre résistants et collaborateurs. Mais il faut se représenter que vivre sous l'Occupation, même en zone libre, c'était vivre dans une situation précaire, qui pouvait vite devenir dangereuse. Nous ne vivions pas dans la peur mais nous étions solidaires et discrets. Nul ne jugeait son ami. En 1974, j'ai réuni toute ma promotion à Aubazines, près de Brive. Ne manquaient que les morts : Mazeau, tué par les Allemands en Haute-Alsace, et Coissac, tué par les Allemands alors qu'il gardait les vaches en Corrèze. Lors de ce repas à Aubazines, chacun savait bien ce que l'autre avait fait, ou n'avait pas fait, tous savaient que je n'étais pas entré dans la Résistance armée, et personne n'aurait reproché non plus à Bussières ou à Dancy d'être allés en Allemagne. Nous savions qu'ils n'étaient pas partis à cause d'un goût particulier pour l'Allemagne nazie. Ils avaient pu craindre des représailles sur leurs familles ou avoir d'autres raisons.

Nous estimions que chacun avait ses raisons d'avoir agi de telle ou telle manière.

Je ne sais pas ce qui se serait passé si Mimi m'avait encouragé à entrer dans la Résistance. Mais elle m'en a fermement détourné. Elle redoutait tout autant que je sois incorporé dans l'armée française. Elle voulait que je réalise *ma* vie et pas une autre, ce qui était de sa part une forme d'amour inconditionnel : elle désirait d'abord mon bien, en toute chose. Et ce bien, je ne devais pas le sacrifier, même au bien de la France auquel elle était pourtant dévouée. Elle aidait elle-même un réseau clandestin de résistance. Étant petite et frêle, elle regrettait de n'être pas un jeune homme fort et plein de santé pour prendre les armes. C'est ce qu'elle aurait fait mais ce n'est pas ce qu'elle me demandait. Un beau jour, tout de même, elle m'a transmis un message de la part de son beau-frère, Jacques Renouvin, qui était le chef des corps francs du mouvement Combat, pour que je recrute des volontaires dans ma promotion au lycée. Nous étions au début de 1943. J'ai réuni mes camarades, mais je dois avouer n'avoir pas été parfaitement honnête puisque je n'ai pas prévenu de cette réunion mes amis Jean Veillerot et Jean Leyssenne qui, eux, ardents patriotes, auraient répondu positivement à Renouvin et auraient employé toute leur vigueur à convaincre les autres. Très raisonnablement, tout le reste de la promotion a choisi de se consacrer d'abord à préparer le bac.

J'étais évidemment d'accord avec tout ce que faisait Jacques. Lui était du type des héros, celui qui s'engage, risque tout, y compris la torture, et qui (contrairement à moi !) n'applique pas la prudence (*phronesis*) épicurienne. Il était passionné de la France, et d'ailleurs royaliste, ancien militant de l'Action française. Il s'est comporté en héros jusqu'au bout. Mireille, la sœur de Mimi, a eu un enfant avec lui, qui est né en 1943 alors qu'elle était en prison pour faits de résistance. À la Libération, encore ignorants de l'existence des camps d'extermination, nous avons vainement espéré le retour de Jacques Renouvin. Il est mort au camp de Mauthausen.

Quelle différence y a-t-il entre le héros et le génie, pour moi qui ne suis ni l'un ni l'autre ? On est héros par volonté, on est génial par grâce. L'héroïsme, vous le décidez, le génie vous est donné. L'héroïsme, c'est vous. Le génie, c'est la Nature qui a décidé pour vous. On peut dire : « Je rêve d'être un héros. » On ne peut pas dire : « Je rêve d'être un génie. » J'ai une admiration énorme pour le mathématicien Henri Poincaré, et je ne suis rien à côté de lui sur le plan des mathématiques, mais je me sens dans la même « classe » intellectuelle que lui, je ne me sens pas « autre ». Tandis que je me sens « autre » vis-à-vis de tous les grands artistes. Même en travaillant mille ans, je ne pourrais jamais peindre un Goya (je veux dire un « Conche » égalant un Goya).

Le héros était l'idéal du Grec. Peut-on dire qu'il est sublime ? Achille est beau. Les héros, comme les dieux grecs, sont beaux. Les meilleurs des Grecs sont beaux. Le sublime, me semble-t-il, appartient au christianisme. Une église est sublime parce qu'elle tend vers l'infini, comme l'idéal chrétien de la sainteté qui se réalise dans l'au-delà. Alors que le temple grec est beau parce que le dieu est là. Le temple est la demeure du dieu où son rayonnement se ressent. Lorsque les chrétiens ont saccagé les temples grecs au Ve siècle, ils n'ont pas seulement détruit des édifices, mais l'esprit qui les habitait. Et lorsque les Grecs ont vu s'effondrer les colonnes si solides du temple de Zeus à Olympie, ils ont cessé de croire parce que leurs dieux n'avaient pas réussi à empêcher cette destruction. Les chrétiens ont mis à bas les temples pour prouver aux païens l'impuissance de leurs dieux. Seulement, la puissance de ces derniers ne tenait pas à des colonnes et moi, je crois toujours aux dieux des païens. Je ne crois pas qu'ils existent, contrairement à Épicure ; j'y crois parce que, parler d'Artémis, d'Aphrodite, d'Hermès, c'est chaque fois vouloir dire quelque chose.

Je ne suis donc pas allé dans les bois pendant l'Occupation autrement que dans ceux de la Majorie avec mon édition des *Pensées* de Pascal. Un jour, je suis passé chez mon ancien instituteur d'Altillac (le père de Lucette) et sa femme, elle aussi institutrice. J'ai eu envie de leur faire partager mon enthousiasme pour Pascal. Je leur ai lu quelques *Pensées* et le fragment Br. 793 sur les « trois ordres » mais ils ont paru éberlués, comme s'ils n'avaient jamais entendu parler de Pascal. Ils étaient instituteurs mais, sortis de leur métier, ils ne s'intéressaient à rien qui relevât de la vraie culture ou de la réflexion. J'étais vraiment fâché. Car j'étais passionné par la culture et par les idées. Au fond, je ne suis véritablement à l'aise et heureux qu'avec les idées.

7
Pompadour

Pompadour est un bourg charmant de la Corrèze, connu pour l'excellence de son école équestre. Revenons à avril 1944. Cette année-là, je suivais des cours à l'institut de formation professionnelle de Limoges parce que le gouvernement de Vichy avait décidé que les instituteurs devaient acquérir un savoir théorique de l'agriculture : aux paysans, la pratique, aux instituteurs, le savoir. Le savoir en question concernait la connaissance des sols, du traitement des eaux, des arbres, des plantes, etc. Une épreuve consistait à reconnaître une cinquantaine de plantes à partir de leurs graines, ce dont j'étais totalement incapable. Et je m'ennuyais énormément : l'agriculture étant justement ce à quoi j'avais voulu échapper, m'y replonger, quoique par la théorie, me donnait le sentiment de faire du surplace.

Durant cette année de formation, je devais aussi assurer des stages dans des écoles primaires de la Corrèze puisque j'étais en principe destiné à devenir instituteur. Dans le cas contraire, j'aurais dû rembourser les bourses dont j'avais bénéficié pendant quatre ans. Pompadour fut le lieu de l'un de ces stages. Je me suis donc retrouvé stagiaire auprès d'un instituteur d'un âge déjà très avancé, face à de vrais garnements (alors que, plus tard, mes élèves de Chamboulive devaient se montrer charmants). Les palefreniers du centre équestre au château de Pompadour se préoccupaient sans doute beaucoup des chevaux mais apparemment peu de l'éducation de leurs enfants, lesquels traitaient le vieil instituteur de façon épouvantable. Celui-ci m'a encouragé à la dureté : « Il n'y a pas d'autres arguments que des arguments frappants, allez-y ! » m'a-t-il conseillé. Ils avaient besoin d'être matés physiquement et je leur ai montré que j'étais plus fort qu'eux. Je leur ai même fait bêcher le jardin de l'instituteur. Aujourd'hui, un éducateur ne peut plus gifler un enfant même s'il se comporte de façon inacceptable. Il n'est évidemment pas question de maltraiter les élèves ni de revenir aux châtiments cruels qui étaient courants à l'école il y a un siècle, mais je crois qu'interdire la moindre gifle est aussi une erreur. Le plus souvent, l'instituteur excédé remplace la correction physique par des mots tout aussi durs : « Tu es un vaurien, tu ne feras rien de bon dans la vie, l'école n'est pas pour toi… » Les mots sont même plus graves parce qu'ils s'inscrivent dans la mémoire et marquent l'esprit d'un enfant plus profondément que les arguments physiques. En tout cas, mes élèves de Pompadour ont fini par comprendre que j'agissais pour de bonnes raisons et sans méchanceté à leur égard. Ils se sont calmés en classe… et ils ont reporté leur férocité contre la sacristie de l'église qu'ils ont démolie ! Nous étions dans le nord de la Corrèze, qui était sous le contrôle des francs-tireurs de l'extrême gauche. Flottait en ce temps-là un air de révolution assez ravageur.

Je n'étais en stage que pour quinze jours mais ces quinze jours ont compté dans mon souvenir, et dans ma vie future avec Marie-Thérèse. Je connaissais Mimi depuis un peu plus de deux ans. Elle pensait comme moi que nous étions liés pour la vie. Mais, de mon côté, ce n'était pas une raison pour refuser à Suzanne, la jeune institutrice charmante qui faisait aussi la classe à Pompadour, de me promener avec elle dans ce printemps radieux. Le temps était superbe, un véritable enchantement. Pourquoi rester dans sa chambre d'hôtel au lieu de se promener avec une personne délicieuse, paraissant admirative de votre savoir ?

Pendant que j'étais à Pompadour en ce printemps 1944, Mimi m'écrivait et je lui répondais régulièrement. Je lui parlais de l'école, de mon hôtesse qui me demandait 1 500 francs pour le mois alors que j'en gagnais 1 550. Je lui racontais que j'avais mangé des choux-fleurs en salade, un plat que je n'avais jamais vu, et que j'avais déjeuné avec la coiffeuse du village. Celle-ci s'inquiétait pour son mari prisonnier en Allemagne et nous avions parlé du Débarquement. Je le croyais imminent et je lui avais prédit qu'il aurait lieu au cours de cette année 1944, en juin, et même dans les premiers jours du mois. Je n'en savais rien, évidemment. Et elle n'a jamais voulu croire plus tard que je n'étais pas haut placé dans la Résistance pour avoir eu ces informations. J'avais seulement calculé : les Russes avançaient, les Américains ne pouvaient plus attendre, ils n'allaient pas risquer de devoir se battre durant la mauvaise saison, donc ils allaient débarquer aux beaux jours. J'avais consulté dans un journal le calendrier des grandes marées, qui m'avait fait repérer très exactement le 6 ou 7 juin comme la date idéale. Mais quand le Débarquement est arrivé, j'ai été le premier surpris. Voilà ce que je racontais à Mimi. Et je lui ai aussi parlé de Suzanne sans penser que cette lettre allait lui faire du mal, tant j'étais innocent. Je n'avais pas vu, ou pas voulu voir, que Suzanne de son côté pouvait nous imaginer, elle et moi, comme susceptibles de former un beau ménage d'instituteurs — ce à quoi je n'ai, bien sûr, pas songé une seule fois : mon seul but était de continuer mes études de philosophie à Clermont-Ferrand puis à Paris. Tous les soirs, j'étudiais le cours de psychologie que Daniel Lagache donnait à la faculté de Clermont, cours polycopié qu'une association d'étudiants me faisait parvenir. Cela me permit de passer à Clermont mon premier certificat de licence de philosophie en novembre 1944.

Il a fallu du temps pour que Marie-Thérèse recouvre son calme après mon histoire avec Suzanne. Et elle n'a jamais retrouvé la confiance et l'insouciance d'avant. Même si elle restait décidée à m'épouser, elle savait qu'elle s'était en somme trompée sur moi et elle découvrait ma fragilité affective vis-à-vis des femmes. Contre cela, elle ne pouvait rien, et ne se sentait pas capable de rivaliser avec une jeune fille de mon âge, c'est-à-dire de quinze ans plus jeune qu'elle. J'éprouvais pourtant envers Mimi l'amour nécessaire pour que notre mariage tienne pendant plus de cinquante ans, ce qui a eu lieu. Comme m'a dit d'elle un jour mon collègue Venturini : « Elle a du sang bleu. » Cela signifiait une noblesse d'âme, une classe naturelle. Si j'avais eu à choisir entre elle et l'une des jeunes filles qui m'ont inspiré un sentiment tendre, c'est elle que j'aurais choisie. De même que si j'avais eu à choisir entre elle et la philosophie, j'aurais choisi la philosophie, et cela, Mimi le savait et en prenait son parti. Mais ce choix absolu de la philosophie m'a conduit à ne porter que peu d'intérêt aux subtilités du sentiment amoureux. L'amour n'était pas un problème pour moi. Dans la vie, Épicure reconnaît des désirs naturels et nécessaires au bonheur : avoir de quoi manger et boire, être abrité et correctement vêtu. Si ces désirs sont satisfaits par le juste nécessaire, dit Épicure, l'esprit se trouve désencombré des soucis matériels et disponible pour la philosophie. L'amour, pour moi, c'est un peu la même chose. J'aimais ma femme et je savais qu'elle m'aimait, je pouvais donc penser à autre chose. Mes seuls problèmes avec l'amour venaient de temps en temps de ma sensibilité aux charmes féminins… auxquels pourtant, grâce au contrôle de soi, à la réflexion, et surtout à la chance, je n'ai jamais cédé. J'avoue n'avoir pas vraiment cherché à comprendre les natures féminines. Que veulent-elles au juste ? En ce qui concerne les hommes, j'ai tout de suite une bonne entente de ce qui compte pour eux, de ce qu'ils veulent. Dans la plupart des cas, ils sont clairs comme le jour… c'est pourquoi ils m'intéressent moins. À mes yeux, les femmes sont des êtres compliqués et surprenants, parfois même fascinants comme l'a été Émilie (dont je reparlerai), et leur nature m'échappe constamment. Peut-être que le fait d'avoir été si longtemps empêchées de s'exprimer les a-t-il obligées à la subtilité de stratégies invisibles ou qu'en tout cas je ne saisis pas. C'est pourquoi je leur porte toujours une attention sérieuse et interrogative.

Si j'évoque ici Pompadour, c'est aussi en me souvenant de l'époque. Nous allions vers la liberté, nous le sentions, nous savions que de Gaulle allait arriver. C'était encore la guerre mais l'horizon était prometteur. Une liesse était palpable. Même si, pour les raisons que j'ai évoquées, je n'étais pas engagé dans la Résistance, je me sentais en phase avec cette joie. Début juin 1944, je devais passer l'examen de l'institut de formation professionnelle de Limoges. Par bonheur, les Américains débarquèrent ce jour-là, l'examen fut annulé et on nous lâcha dans la nature. Nous rentrâmes chez nous à pied, mon ami Chassaing et moi, ainsi que deux Alsaciens-Lorrains déserteurs. Nous marchions dans les bois de Haute-Corrèze, quand, un matin très tôt, le 10 juin 1944, nous nous retrouvâmes au milieu d'un campement allemand. C'étaient les Allemands qui, la veille — nous ne le savions pas —, s'étaient illustrés par des massacres à Tulle où ils avaient pendu quatre-vingt-dix-neuf habitants. Le lendemain, ils seraient à Oradour-sur-Glane, plus haut dans le Limousin, où ils exécuteraient tous les villageois. Pour l'heure, au campement, en ce petit matin, les officiers étaient en train de manger au mess. Les troufions, n'ayant donc pas d'ordres, nous laissèrent passer tranquillement. Jamais, de toute ma vie, je n'ai eu aussi peur. À la sortie du campement, je dis à mes amis : « Faites ce que vous voulez, moi, je m'en vais de mon côté. »

J'étais persuadé de pouvoir mieux me tirer d'affaire tout seul.

En chemin, je fis halte dans un café. Je revois le cafetier aller à son téléphone. J'en conclus qu'une mauvaise rencontre se préparait. Effectivement, deux types à moto s'arrêtèrent devant moi, ils me demandèrent mes papiers et se mirent à discuter pour décider s'ils allaient me garder ou non. C'étaient des francs-tireurs partisans, des communistes. Je leur dis que j'allais rejoindre l'Armée secrète de la Résistance sur les hauteurs d'Altillac. Je ne sais pas s'ils me crurent mais ils me laissèrent partir. Je pris la direction de Pompadour pour retrouver Suzanne. Je marchais depuis le début du jour sous un soleil de plomb et, vers le soir, j'étais extraordinairement assoiffé. Le pays semblait vide d'habitants. Je vis tout de même une maison de paysan où je demandai un peu d'eau à un vieil homme. Il me donna un verre de cidre, et je connus le plus grand plaisir de ma vie. Le vrai plaisir, dit Épicure, n'est pas celui que procurent les plats cuisinés, mais celui que l'on éprouve à manger, ayant très faim, ou à boire, ayant très soif. Ainsi, le 10 juin 1944, je connus la plus grande peur et le plus grand plaisir de ma vie.

J'arrivai enfin chez Suzanne. Elle lisait *Autant en emporte le vent*, qui venait d'être traduit. Elle fut heureuse de me voir. Elle me laissa sa chambre pour la nuit et, le lendemain, me prêta son vélo pour rentrer à Altillac, via Brive et Beaulieu, soit soixante-dix kilomètres. Or, après un petit bout de route, je crevai. Ainsi, je dus aller jusqu'à Altillac à pied, en tenant le vélo par le guidon. Je ne rencontrai personne. Comme la veille, sous le même soleil de plomb, j'avais très soif. Je frappai à plusieurs maisons, on refusa de m'ouvrir. Enfin, à Tudeils, une dame eut pitié de moi et me donna un verre d'eau. J'arrivai à Beaulieu. Il n'y avait pas âme qui vive. Je traversai le pont sur la Dordogne. Altillac ! Comme on fut heureux de mon retour ! Joie de mon père, d'Alice, de mon frère, Guy, qui avait presque 9 ans, de ma sœur, Michèle, qui en avait 15. Elle me conta le passage de la division Das Reich. Albert Canal avait été tué (il avait affronté les tanks avec son fusil de chasse), une étudiante en vacances chez le voisin avait également perdu la vie (par des balles perdues), elle-même avait entendu les balles siffler à ses oreilles alors qu'elle cueillait des cerises. Sur ce, je me mis à un thème grec.

8

Le silence heureux

Mimi et moi, durant le demi-siècle que nous avons passé ensemble, n'avons guère échangé de paroles. Nous nous comprenions si bien que les conversations étaient souvent inutiles. Je voudrais parler de ce silence, qui fut pour moi l'une des manifestations du bonheur mais était, étrangement, fondé sur une divergence profonde. J'étais certain que ma femme n'abandonnerait pas sa foi catholique, vitale pour elle. Il n'aurait pas été utile de critiquer le catéchisme de Jean-Paul II, de lui montrer que la bonté de Dieu est contradictoire avec ce que l'on voit de son œuvre. Elle, de son côté, savait qu'absolument rien n'aurait pu me ramener à la religion. Je l'avais abandonnée de façon totale et définitive. Sur ces questions essentielles, aucun langage commun n'était possible entre nous. Il était cependant entendu que François, notre fils, serait élevé chrétiennement. Je m'y étais engagé car, sinon, Mimi n'aurait pas voulu m'épouser, et je me suis tenu à cet engagement. Il a été baptisé, il a été scout, il est parti en Angleterre, il a très bien appris l'anglais et il est devenu professeur d'anglais. Entre Mimi et moi, le désaccord était donc entier mais chacun admettait malgré tout que c'était avec l'autre qu'il avait choisi de vivre et n'aurait pas pu vivre autrement. Ma femme était d'une telle supériorité d'esprit, de finesse, de délicatesse, de jugement, de générosité, d'ingéniosité, de compréhension d'autrui que je ne pouvais que l'admirer et l'aimer. Aujourd'hui encore, elle l'emporte sur toutes les natures féminines que j'ai connues. Je ne sais pas ce qui pouvait lui plaire en moi et ne me suis jamais vraiment posé la question, mais elle m'aimait de façon absolue, c'était un fait. De cette évidence, de même que de notre désaccord essentiel, il n'y avait donc pas à discuter. Pour discuter, il faut *a priori* accepter de se rendre aux raisons de l'autre, sinon, aucune argumentation sérieuse n'est possible. C'est pourquoi, par exemple, je n'accepte pas de discuter avec des croyants. Lorsque des chrétiens me sollicitent pour participer à des conférences, je leur demande : « Envisagez-vous d'abandonner votre foi religieuse à partir de ce que je vais vous dire ? » Ils n'y sont évidemment pas disposés. Alors, ce n'est pas la peine que je parle pour rien.

Avec Mimi, nous avons toujours su éviter de parler pour rien. Notre silence faisait tant partie de notre compréhension mutuelle que nous ne songions pas assez à parler devant et avec notre fils. Nos repas familiaux étaient souvent silencieux. Était-ce une bonne chose pour François ? Nous l'avons éduqué par l'exemple mais aurions pu l'éduquer par nos paroles comme mon père avait su le faire pour moi. Il ne s'agissait pas de se quereller devant notre fils mais simplement, sans élever la voix, d'énoncer des arguments raisonnables en partant d'évidences premières. C'est ainsi qu'il faut philosopher.

Cependant, nous parlions beaucoup lorsque nous étions avec d'autres ou lorsque nous recevions des amis. Je me souviens par exemple d'un dîner avec André Comte-Sponville et sa compagne Maximine, poète de qualité qui a reçu le prix Verlaine. Nous avons ce soir-là parlé de Deleuze, que j'admirais au temps de notre jeunesse, mais je m'étonnais qu'il ait consacré un livre à David Hume, car, comme Hannah Arendt l'écrit à Mary McCarthy, « Hume n'est pas très intéressant ». Ma femme participait avec joie à ces discussions. Elle était si instruite sur tant de sujets, et si spirituelle, qu'elle n'avait pas besoin de se mêler de philosophie. Elle savait que j'avais envie de rencontrer Martial Gueroult. Nous allâmes plusieurs fois chez lui, soit à Sèvres-Ville-d'Avray, soit à Boulogne. Dans les premiers temps, il ne faisait guère attention à moi, préférant évoquer avec Mimi les amis de Strasbourg ou se mettre au piano et lui jouer du Schumann. Mais après que je lui eus écrit une lettre sur Spinoza, qu'il apprécia, il consentit à ma conversation. J'admirais son immense travail sur Leibniz, Malebranche, et, bien sûr, Descartes et Spinoza — sans parler de Berkeley, Fichte, etc. Sa méthode dite « structurale » ne lui permettait pas d'aborder de la bonne façon Montaigne, sur qui il écrivit un article plutôt raté. Il développa un idéalisme radical qui faisait des grands systèmes des sortes d'idées platoniciennes. Je lui parlais de Canguilhem, d'Éric Weil ; il était avare d'éloges.

Au Rodal, chez mon père, où nous allions régulièrement, Mimi faisait régner la bonne entente familiale. Ma sœur l'adorait, mon père avait été réticent au début parce qu'il avait été contrarié que je me marie en juillet au moment des moissons, de sorte qu'il n'avait pas pu venir au mariage : la moisson d'abord ! Mais quand Mimi est venue au Rodal pour la première fois, il a été tout de suite conquis. Pour preuve il lui a proposé de monter au Puits Gros, le plus haut sommet d'Altillac — en réalité il ne fait guère que 495 mètres —, ce qui était une façon d'acclimater Mimi au pays. Mon père était heureux que mon épouse soit convenable. Nous avons passé avec elle, en famille, des moments heureux, en compagnie notamment de ma tante Pauline et de son mari, Paul Host, lorsqu'ils étaient à la Maisonneuve durant les vacances.

Si je pense aujourd'hui à ces « silences heureux », c'est aussi en pensant à la solitude, qui en est le corrélat. La solitude est au fondement de la condition humaine, tout homme éprouvant la solitude de soi-même. C'est pourquoi, plus encore qu'être aimé, nous voudrions être compris. Si ce silence entre Mimi et moi était un silence heureux, c'est parce qu'il me disait que j'étais compris. Il traduisait une paix intérieure, qui était en Mimi et passait en moi, qui était en moi et passait en elle. Plus profonde que nos divergences, il y avait cette paix qui les rendait secondaires, superficielles, comme relatives — relatives au siècle que nous vivions, où la religion et le communisme structuraient les clivages. Dans notre paix intérieure partagée, ce qui appartenait au siècle était laissé de côté. Il restait la vie à l'état pur et le fait de vivre ensemble. La solitude se situait à un niveau sur le fond duquel était tout le contraire. Cette solitude sur fond de non-solitude faisait que ma solitude se brisait brusquement lorsque j'étais avec Mimi.

Les silences de la Nature, à la différence du silence entre deux personnes, ne sont pas absolus. Lorsque deux personnes se taisent, on n'entend que le silence, même si le chat miaule à côté ou si d'autres conversations ont lieu autour d'elles. Alors que, dans la Nature, ce sont les bruits qui font ressortir le silence. C'est le courant de la Dordogne qui révélait le silence lorsque je gardais les vaches sans voir personne de toute la journée. Quand je pelais la vigne, les cloches de l'église qui sonnaient midi soulignaient le silence. Quand je fanais dans les champs, j'entendais, au milieu du silence de toute chose, le chant des sauterelles ou des grillons. Quelquefois, par la fenêtre de ma chambre au Rodal, quand j'étudiais tard le soir, j'écoutais le ruisseau pour saisir le grand silence impressionnant de la nuit. Le silence de la Nature signifie pour moi de multiples signes, de multiples appels. Le vent me dit : « Je suis là » ; le ruisseau me dit : « Je suis là » ; le serpent me dit : « Je suis là, prends garde » ; les cloches me disent : « Nous sommes là. »

Pour qu'il y ait silence dans la Nature, il faut être seul. Donc le silence de la Nature est, lui aussi, comme les silences heureux dont j'ai parlé, le corrélat de la solitude. Je me sentais seul et j'étais heureux d'être à l'écoute de la Dordogne, du ruisseau, ou bien à l'écoute du feu le jour où la forêt de la Majorie a brûlé. Le bruit du feu, avec sa violence, sa force ravageuse, efface les autres impressions. « Ce monde est le même pour tous, ni un dieu ni l'homme ne l'a fait, mais il a toujours été, il est et il sera feu toujours vivant, s'allumant en mesure et s'éteignant en mesure », disait Héraclite. Heisenberg reconnaissait dans le Feu d'Héraclite ce qu'il appelait l'énergie universelle.

J'aime ce silence de la Nature avec ses multiples bruits car il me met en difficulté avec moi-même et m'oblige à penser. Je crois qu'il n'y a qu'une Nature mais je ne crois pas que la Nature soit une. La Nature est la totalité des choses. La première création de la Nature, c'est l'univers : la Nature (infinie) se dégrade en univers (indéfini). Ensuite, dans l'univers, se trouvent des mondes innombrables. Le hérisson vit dans son monde, l'abeille vit dans son monde, de même la fourmi, etc. Pourquoi « monde » ? Parce que l'abeille reçoit les impressions qui n'ont de significations que pour elle, des significations « abeille », mais elle ne reçoit pas les significations « fourmi ». Et toutes ces significations « abeille » forment pour l'abeille un réseau, une structure, donc un monde fini. Ces mondes sont dissemblables et incommunicables. Le hérisson n'a rien à dire à l'abeille et réciproquement. L'homme peut étudier le hérisson mais ne peut pas se mettre à la place du hérisson pour vivre le monde en hérisson. Il ne peut pas atteindre le for intérieur du hérisson, qui est inatteignable par la connaissance puisque celle-ci ne saisit que l'objectivable. On peut comprendre comment fonctionne un hérisson mais on ne peut pas éprouver le sentiment de soi du hérisson, si tant est que le « soi » signifie quelque chose quand on parle d'un hérisson.

Par conséquent, il n'y a pas d'unité entre ces mondes dissemblables. Il existe une infinité d'espèces et, donc, une infinité de mondes, sans unité de surplomb — cela, Épicure l'avait bien vu. La Nature est le tout de cette infinité de mondes mais elle n'est pas comme un dieu qui voit tout, un principe totalisant. La Nature est une multiplicité inassemblable, un ensemble non unifiable, une totalité intotalisable.

Cependant, dans le silence de la Nature, je perçois non pas la multiplicité des mondes, mais *la* Nature comme une. C'est un problème de comprendre comment la Nature, malgré son infinie diversité, peut être toujours la même Nature. C'est ce problème philosophique que je ressens dans le silence de la Nature. Certes, le ruisseau me dit : « Je suis le ruisseau » ; le vent me dit : « Je suis le vent. » Mais la Nature me dit : « Je suis tout cela mais je suis aussi *la* Nature, je suis ce qui fait qu'il y a tout cela, le vent, les fleurs, le ruisseau, l'abeille, etc. » Quand j'écoute la Nature, je suis partagé entre le sentiment de la multiplicité et celui de l'unité fondamentale. Ma conception de la Nature, qui est dans l'infini et dans l'éternité, est une conception métaphysique, puisque la métaphysique est cette partie de la philosophie qui a affaire à la totalité de ce qui est. Le silence de la Nature devient alors métaphysique parce qu'il amène dans mon esprit des idées. Si je suis dans la solitude profonde dans la Nature, si je tourne mes regards vers la profondeur illimitée du ciel, vers l'infini du ciel, je songe que nul savant, ni Einstein ni ses successeurs, ne peut atteindre la totalité de la Nature. Un cosmologiste ne peut dire quel rapport il y a entre l'Univers du big-bang et la totalité de la Nature. Par conséquent, je peux continuer de m'appuyer sur mes évidences immédiates qui me disent que l'univers est infini (indéfini), que nous sommes environnés par l'infini. La clef de la sagesse est qu'il faut penser toute chose sur le fond de l'infini.

9

Vers les Grecs

Pour entamer mon itinéraire vers les Grecs, il me faut d'abord parler de Dieu, ou plutôt des dieux. J'ai dit comment je croyais aux dieux païens sans croire qu'ils existent réellement. Sur ce point, je risque de me distinguer d'Épicure qui, lui, affirme l'existence des dieux — non pas dans le monde mais dans ce que Cicéron appelle les « intermondes ». Dans la philosophie d'Épicure, la Nature comporte d'innombrables mondes et les dieux se trouvent dans les intervalles entre ces mondes. Comme toute chose, ils sont composés d'atomes. Ils ont une forme humaine, une beauté parfaite et, étant heureux, ils sont la preuve que le bonheur est possible. Aussi sont-ils des exemples pour le sage, qui n'a qu'à contempler les dieux pour voir ce qu'est le bonheur. Et, justement parce que les dieux sont heureux, ils se gardent de s'occuper des affaires humaines. Se soucier de ce qui arrive aux humains altérerait leur bonheur : ils risqueraient de glisser vers l'apitoiement ou le mépris.

Comme tous les êtres, ils ne sont que des corps (Épicure, de ce point de vue, est matérialiste ou du moins « corporaliste ») que nous percevons par ce qu'Épicure appelle les *eidôla* — les « simulacres » : la pellicule superficielle du corps, constamment rejetée dans l'espace, est immédiatement remplacée par une autre pellicule de la minceur d'un atome. Ces pellicules sont des sortes de répliques du corps, qui transportent la forme du corps, en l'occurrence du corps du dieu, donc son image, jusqu'à nous. C'est ainsi que nous les voyons. Dans le corps du dieu, se produit, comme dans nos corps humains, une déperdition continuelle d'atomes. Mais puisque, à la différence des humains, les dieux vivent dans un bain universel d'atomes, les vides de matière créés sont immédiatement comblés et, ainsi, indéfiniment ; c'est pourquoi ils sont immortels. Tandis que chez l'homme, dans la vieillesse, les vides l'emportent sur les pleins, les courants habituels d'atomes s'épuisent de sorte que le corps se dessèche et perd de sa vitalité. Quant aux images des dieux, qui nous viennent d'eux-mêmes, nous ne pouvons les voir parce qu'elles tombent au-dessous de notre perception. Elles arrivent cependant à notre esprit durant le sommeil. Nous rêvons à des êtres très beaux qui sont les images des dieux et qui nous prouvent qu'ils existent — puisque, pour Épicure, la sensation est le critère de la vérité.

Bien entendu, je suis en accord avec Épicure pour dire que nul dieu ne peut avoir une influence quelconque sur l'être humain. Par conséquent, nous éliminons toute idée de Providence et tout ce qui pourrait impliquer un dessein quelconque de la divinité sur les êtres humains. Seulement, ce n'est malheureusement pas Épicure qui a assuré mon éducation religieuse et j'ai eu affaire non pas aux dieux du polythéisme, mais au Dieu unique du monothéisme. Pendant mon éducation chrétienne, on m'a donc inculqué l'idée de la transcendance de Dieu et de la providence divine, on m'a appris que Dieu connaissait tout, que c'est lui qui méditait toute chose de façon qu'elle se passe comme il a voulu de toute éternité qu'elle se passât. L'absurdité de cette conception ne m'apparaissait pas à l'époque. Elle ressort très bien chez Descartes, lorsqu'il affirme que Dieu est la « cause totale » de tout ce qui arrive, même de la moindre de nos pensées. Par exemple, Dieu condamne le duel mais c'est lui qui gouverne les pensées des deux duellistes. Ils se préparent mentalement pour un duel, mais c'est Dieu qui en eux pense à tout. En ce cas, où est leur liberté ? La liberté est quelque chose dont nous avons l'expérience et dont nous ne pouvons pas douter, nous dit Descartes. Comment concilier ces deux affirmations ? Le philosophe affirme qu'il ne sait pas… alors qu'il aurait été si simple de supprimer l'un des deux termes — « Dieu », évidemment !

Mon premier acte philosophique décisif s'est déroulé en 1956. Jusqu'à cette date, je maintenais l'idée de Dieu entre parenthèses. Ma croyance s'exténuait, comme je l'ai raconté, mais il me fallait une raison pour me convaincre rationnellement que cette idée était fausse. J'avais été très ému par le *Journal* de Mary Berg sur le ghetto de Varsovie, que j'ai lu en 1951, où elle décrivait les enfants dans la rue, « leurs petits corps tout boursouflés et couverts d'ulcères », certains « se traînant sur le sol en gémissant », ou ceux qu'on amenait par rangs à leur exécution. Plus tard, lorsque j'étais professeur au lycée d'Évreux, je lisais à mes élèves des passages des *Frères Karamazov*, de Dostoïevski, pris dans le chapitre « La révolte », où Ivan Karamazov demande à Dieu comment il se tire d'affaire avec la souffrance des enfants. Mais c'est seulement un jour de 1956, en revenant d'Évreux dans ma 4 CV, que l'argument décisif s'est imposé : la souffrance des enfants martyrisés (par l'homme, la maladie, la nature, etc.) est un mal absolu, c'est-à-dire injustifiable à quelque point de vue que l'on se place. J'étais si absorbé par mon idée que je roulais à cent cinquante kilomètres-heure sans m'en rendre compte. D'autres (je l'ai su après) avaient forgé avant moi cette notion de mal absolu, mais j'en concluais la non-existence de Dieu car, si Dieu existait, alors la vie serait absurde puisque je devrais accepter une justification du mal absolu — injustifiable. Cet argument m'a paru décisif. Depuis, la notion de Dieu a totalement disparu de mon paysage intellectuel. Je suis certain qu'aucune réalité ne correspond à ce mot « dieu ». Que les croyants en Dieu et moi fassions partie de la même humanité est, pour moi, difficile à penser.

Le résultat de cet athéisme — le mot est juste mais je n'aime pas l'utiliser parce que dans « athée », il y a encore « *theos* », dieu — est que je me suis senti en contradiction avec la grande philosophie moderne, car, comme le dit à juste titre le philosophe Ferdinand Alquié, « toute la grande philosophie moderne repose sur le socle de l'idée de Dieu ». C'est le cas des philosophies de Descartes, de Malebranche, de Berkeley, de Locke, de Kant, de Hegel, etc. Je n'osais pas engager la guerre contre ces grands philosophes que je continuais à enseigner dans mes cours en fonction des programmes.

Puis est venu mon deuxième acte philosophique, qui, précisément, a consisté à rejeter le cœur de la philosophie moderne. Il est dû à la découverte de Montaigne. Durant tout l'été 1963, pour les besoins d'un petit livre qu'André Robinet m'avait commandé, j'ai lu les *Essais* avec grande ferveur et extrême attention, en tenant compte de tous les ajouts. Car les *Essais* sont un terrain sédimentaire : une première couche en 1581 avec les deux premiers livres, ensuite des ajouts secondaires jusqu'en 1588 où paraît la cinquième édition augmentée d'un troisième livre avec les deux précédents amendés et complétés. Découvrir Montaigne, c'est d'abord avoir une impression de désordre (qui n'était pas pour me déplaire), car il ajoute sans tenir grand compte de son plan initial. J'ai écrit mon livre, *Montaigne ou la Conscience heureuse*, qui, dit-on aujourd'hui et j'en suis heureux, a rendu Montaigne à la philosophie. Il est vrai qu'il était jusque-là cantonné aux études littéraires et n'apparaissait dans aucun manuel ni programme de philosophie. Un exemple : Émile Faguet a écrit une *Initiation philosophique* (Hachette, 1918). Un chapitre est consacré à « La philosophie au XVIe siècle » et le nom de Montaigne n'y est même pas cité.

Par contraste avec les grands idéalistes de l'époque classique, puissants créateurs de systèmes, la philosophie de Montaigne me parut être une philosophie *naturelle*. J'ai pris exemple sur la façon dont il rejette, non sans quelque allégresse, les Idées de Platon : « Je ne me persuade pas aisément qu'Epicurus, Plato et Pythagoras nous aient donné pour argent comptant leurs Atomes, les Idées et leurs Nombres. Ils étaient trop sages pour établir leurs articles de foi de choses si incertaines et si débattables. » Il n'hésite d'ailleurs pas à critiquer durement non seulement l'idée de la déviation spontanée de l'atome (*clinamen*) mais même l'idée générale d'Épicure sur le rôle du hasard générateur de toute chose, puisqu'il écrit : « Si les atomes ont, par sort, formé tant de sortes de figures, pourquoi ne se sont-ils jamais rencontrés à faire une maison, un soulier ? » Il se moque vraiment ! A-t-il tort ? Certes, Épicure répondrait : « Écoutez, mon cher Montaigne, vous devriez tout de même savoir que ce sont nous, les hommes, qui fabriquons les maisons et les souliers. » Mais Montaigne répliquerait : « Justement ! Si le hasard dans le temps infini produit, entre les atomes, toutes les combinaisons possibles, comment se fait-il qu'il n'ait pas encore produit une maison, un soulier ? »

Bien des auteurs peuvent se comparer à Montaigne par le talent ou l'intelligence mais il l'emporte par le jugement. C'est du moins ce que j'ai toujours pensé. Plusieurs fois, devant prendre une décision grave, je me suis dit : « Ah ! si quelqu'un pouvait me conseiller ! » Voici un exemple : profitant de mon séjour en Corse, un « jaloux » (comme on dit dans les fabliaux du Moyen Âge) a coupé et emporté le bel arbre de Judée que j'avais dans mon clos à Treffort et que Mimi aimait tant. Devais-je engager un procès ? Un ami me l'a conseillé, un autre me l'a déconseillé. J'ai pensé à ce que Montaigne aurait fait et je n'ai pas engagé de procès. Un autre exemple : on me demande mon opinion sur l'avortement. Je dis que je le condamne en principe mais que je l'admets dans certains cas. Quels cas ? En songeant à Montaigne, je réponds qu'il n'y a pas de règle, que cela relève du jugement du sage. Pendant la guerre, ayant à faire des choix décisifs — STO ou non, résistance ou non —, je n'ai pas songé à Montaigne que je n'avais pas encore lu. Que m'aurait-il conseillé ? Sûrement d'être conséquent avec moi-même, et je l'ai été. En 2001, une jeune femme nommée Émilie m'a demandé de la suivre en Corse pour lui enseigner le grec. Sept ans après, j'ai quitté Treffort pour la rejoindre, par une décision que Montaigne, seul, eût compris en sa profondeur, dépassant même la compréhension que j'en avais et que j'avais de moi-même.

Avoir du jugement, c'est d'abord tenir compte de la brièveté de la vie et, donc, ne pas apprendre de multiples langues ou se perdre dans des travaux d'érudition, mais dire ce que l'on a à dire et faire en sorte que, par sa publication, cela s'inscrive dans la durée. Montaigne s'en est tenu à un seul livre, ne faisant qu'ajouter et enrichir. Aussi aucune de ses pensées n'a-t-elle été perdue. Mon ami André Doremus, qui a tant travaillé, avait plusieurs manuscrits prêts à la publication — « prêts », ou presque : il voulait toujours leur apporter quelque amélioration. Fâcheux perfectionnisme ! Il est mort, n'ayant que très peu publié. Il n'a pas eu la chance de Marx ou de Sartre qui, ayant laissé en chantier leurs œuvres principales, avaient des amis (Engels pour Marx, Simone de Beauvoir pour Sartre), grâce à qui ils ont été encore des auteurs après leur mort. Mais j'ai été l'ami de Doremus, me direz-vous. Oui, il est cependant au-dessus de mes forces de m'intéresser comme lui à Carl Schmitt.

L'influence de Montaigne eut pour moi deux côtés : un côté négatif — il me donna le courage de me détourner des philosophies impures, théologisées, de l'époque moderne —, et un côté positif — il me fit me tourner vers les Grecs, surtout vers les philosophes grecs et, de façon déterminée, vers certains d'entre eux. Trois noms viennent au premier plan : d'une part celui de Pyrrhon, d'autre part ceux de Lucrèce et d'Épicure, ou, d'une part, le scepticisme radical, d'autre part, le dogmatisme radical. Montaigne se situait entre deux extrêmes et il me jeta d'un côté et de l'autre. Car le scepticisme n'est qu'un aspect de Montaigne. Le « Que sais-je ? » ne le représente pas. Ce n'est qu'un moment de son évolution. Lorsque, dans le chapitre « Des coches » (*Essais*, livre III, chapitre 6), il condamne les procédés cruels et déloyaux des « colonisateurs » du Nouveau Monde, non tant du point de vue religieux ou politique que du point de vue humain, il ne dit plus : « Que sais-je ? » Reste qu'il y a bien un pyrrhonisme de Montaigne — « pyrrhonisme » que j'ai voulu retrouver à l'état pur en étudiant la pensée de Pyrrhon.

J'ai montré[1] — et mon interprétation est « assez majoritairement acceptée aujourd'hui[2] » — que Pyrrhon radicalise le scepticisme banal. Celui-ci maintient la différence entre l'être et l'apparence : le miel *semble* doux, telle est l'apparence ; le miel *est* doux, cela est douteux. Mais, observe Pyrrhon, il *semble* bien que le miel *est* doux. Il abolit donc la différence entre être et apparence, au bénéfice de celle-ci, car il n'y a jamais qu'apparence d'être. On peut dire qu'il n'y a

1. Marcel Conche, *Pyrrhon ou l'Apparence*, PUF, 1973.
2. Carlos Lévy, *Les Scepticismes*, PUF, 2008, p. 13.

pas d'être vrai au niveau humain. Nous semblons être. Nous disons, comme Descartes, « Je pense, donc je *suis* », mais sommes-nous vraiment, nous qui, observe Montaigne, ne vivons que la durée d'un éclair dans le temps infini ?

J'ai reconnu chez Pyrrhon non seulement un nihilisme de l'être (les êtres finis, qui naissent et meurent, ne sont pas vraiment réels), mais aussi un nihilisme moral. Ce rejet de la morale universelle venait de ce que Pyrrhon avait accompagné Alexandre le Grand en Asie, où il avait vu que les Indiens jugeaient tout autrement que les Grecs de ce qu'il faut faire ou ne pas faire, du bien et du mal. Sur ce point, je ne pouvais pas le suivre, pas plus que lorsqu'il préconisait d'atteindre le bonheur par l'indifférence. Il donna à son disciple Anaxarque une leçon d'indifférence en laissant celui-ci, qui avait glissé sur la berge, risquer de se noyer dans le marais. Belle leçon qu'Anaxarque fut heureux de recevoir et dont il remercia vivement son maître. J'aime quand les Grecs ne plaisantent pas avec la logique !

La dissolution pyrrhonienne de l'être ne pouvait pas ne pas me faire songer à Héraclite, surtout en ayant dans l'esprit ce mot de Nietzsche : « Héraclite gardera éternellement raison en affirmant que l'être est une fiction vide de sens. » De là mon édition des *Fragments* d'Héraclite (en 1986). Les thèses héraclitéennes de l'écoulement universel et éternel de toutes choses finies (l'image du fleuve), de l'unité, de l'indissociabilité et de l'harmonie des contraires (vie et mort, jour et nuit, guerre et paix, etc.), de l'ordre et de la compensation dans les échanges entre les différentes formes du Feu (= Énergie), ces thèses, qui étaient le support philosophique de ma sagesse tragique, ne pouvaient que me convenir. Mais je ne pouvais accepter que le « monde » (*cosmos*) soit le contenant de toute chose. Car le tout de la réalité ne peut être qu'infini. Or un monde, étant structuré, est nécessairement fini.

Je laissai donc de côté la voie moniste (il n'y a qu'un seul monde), qui m'aurait mené à Platon et Aristote, et me ralliai à la voie pluraliste, celle des épicuriens. Je l'ai dit : Montaigne m'avait déjà incité à regarder du côté d'Épicure[1]. Certes, Montaigne se

1. Voir : Marcel Conche, *Lucrèce et l'Expérience*, Seghers, 1967, nouvelle édition PUF, 2011, et *Lettres et maximes d'Épicure*, Éditions de Mégare, 1977, rééd. PUF, 1987, 2008.

moque des atomes, et avec raison (car un être fini, comme un atome, ne peut être éternel, contrairement à ce que veut Épicure). Mais il admet avec Épicure « l'immensité sans bornes de l'espace » et l'infinité du temps. Cette façon de voir était aussi la mienne, si ce n'est que l'idée d'un univers infiniment grand ne pouvait me donner complète satisfaction, car « infiniment grand » signifie « indéfiniment grand ». Or un indéfini ne peut être à l'origine de toutes choses. Il faut que ce soit un infini, ou plutôt l'Infini.

C'est pourquoi je remontai jusqu'au VIe siècle av. J.-C., où je trouvai l'*apeiron* d'Anaximandre comme principe originel, c'est-à-dire l'infini, qui n'est pas un indéfini toujours inachevé, mais un infini actuel, celui de la Nature. La Nature, omni-englobante, omnigénératrice, produit éternellement des germes (*gonimai*), de chacun desquels naît un monde : d'où des mondes innombrables, naissant et périssant. On sait cela d'après les témoignages, car, du livre d'Anaximandre lui-même (un rouleau de papyrus), ne restent, rapportées par Simplicius, que deux phrases : « Ce d'où il y a, pour les êtres, génération, c'est en cela aussi qu'a lieu la destruction, selon ce qui doit être. Car ils se rendent justice et réparation, les uns aux autres, de leur mutuelle injustice, selon l'assignation du Temps. » Ce n'est pas ici le lieu de commenter ce texte[1]. Anaximandre parle « en termes plutôt poétiques », dit Simplicius ; les mots d'Anaximandre, observe Heidegger, ne sont pas encore des mots « conceptuels ». On a vu avec Anaximandre, qui est sans doute le premier philosophe, la même chose qu'avec Montaigne, qui a philosophé comme s'il était le premier : la naissance de la pensée à partir de la langue commune, alors que les mots de la philosophie n'ont pas encore subi le carcan des définitions. Les mots vivants gardent toutes leurs harmoniques, leur richesse de significations, et leur teneur poétique. De là aussi la multiplicité des interprétations auxquelles une parole comme celle d'Anaximandre a donné lieu.

J'aime dialoguer avec les Grecs et ce dialogue est une part essentielle de ma vie. J'ai parfois l'impression que mon bureau de la Maisonneuve, que je trouve pourtant trop petit pour y parler avec un ami, est peuplé de Grecs : Héraclite, Parménide, Anaximandre,

1. Marcel Conche, *Anaximandre, fragments et témoignages*, PUF, 1991, chapitre 8, « La parole d'Anaximandre ».

Épicure sont mes visiteurs permanents. Avec eux, ce qui est présent, c'est la Nature. C'est elle qu'ils m'aident à penser, grâce à un étonnement initial, une naïveté première ; non à partir de mots conceptuels aux significations réduites par les définitions mais des mots encore vivants du langage mi-commun, mi-poétique. La Nature est le Poète premier, ai-je souvent dit, et la philosophie a sa source dans la poésie. C'est cette poésie des lieux, là où la philosophie, après être née en Ionie, a connu son âge d'or, qui m'a frappé et envahi lorsque je suis allé à Athènes pour la première fois, en 1986. À mon arrivée, j'ai immédiatement voulu monter au Lycabette pour avoir une vue d'ensemble sur la ville. Ensuite, j'ai passé presque tout mon temps à regarder le Parthénon à partir de tous les points de vue possibles (et accessibles) d'où il se laissait voir. Et je le contemplais plein d'une gratitude infinie. Là où je l'ai le plus admiré, c'est depuis la colline des Muses. J'y suis resté quelque temps comme en extase, avec des pleurs de joie.

Mon second voyage en Grèce, en 1996, fut très différent. Lors du premier, je n'ai parlé à personne, sauf à Athéna ; lors du second, j'ai parlé à beaucoup de gens. Le Pr Constantin

Despotopoulos avait voulu que je sois élu à l'Académie d'Athènes ; cela s'était fait. Je m'attendais donc à devoir parler à mes confrères. Ariadne, mon étudiante crétoise, qui, bien sûr, parlait couramment le grec moderne, m'accompagnait. Je fus heureux de retrouver deux ou trois amis, en particulier Evanghélos Moutsopoulos, philosophe et musicien, qui, vers 1980, avait, durant une année à la Sorbonne, donné un cours sur la musique dans l'œuvre de Platon. Après les discours vint le repas où Ariadne brilla par son intelligence et ses reparties. J'en fus heureux — mais n'en regrettai pas moins Athéna. Depuis le premier voyage, les dieux avaient fui.

10

Les fêlures de l'amitié et l'amitié parfaite

Mon rejet de la religion n'a pas fait de moi un militant antireligieux. Je ne suis pas en guerre. Seulement, je laisse aux religions le mot « dieu » qui n'a pas sa place en philosophie. Nous ne sommes plus au Moyen Âge où théologie et philosophie tenaient dialogue, et éventuellement bataille. Il n'empêche que la séparation entre croyants et incroyants reste aujourd'hui plus vive qu'au Moyen Âge parce que, justement, le dialogue n'est plus possible. Décider de rejeter l'idée même de « dieu » engendre pour le philosophe une véritable brisure avec autrui. Et nous voyons bien cette brisure active dans toute la société. Elle traverse les familles : ma sœur, Michèle, par exemple, est très catholique et le dialogue n'est donc pas possible entre nous sur le plan métaphysique. L'humanité tout entière se partage aussi entre ceux qui croient aux droits de l'homme et ceux qui invoquent le droit de Dieu… sans reconnaître que ce « droit de Dieu » a été énoncé par les hommes !

La question de Dieu est pourtant fondamentale parce qu'elle touche au sens de la vie. Pour celui qui admet l'existence de Dieu, ce sens est défini d'avance : il sait pourquoi il est là, en ce monde, et comment il doit se comporter, il sait qu'il vit pour la gloire de Dieu et qu'il doit être vertueux selon les normes qu'on lui enseigne. En revanche, celui qui refuse cette notion du dieu omniscient et providentiel se trouve dépourvu dc solutions données d'avance à l'égard du sens de la vie. Alors, comment penser le sens de sa vie ? Il faut distinguer là la morale et l'éthique. La morale définit un minimum : il s'agit de se conduire de manière à respecter la personne d'autrui. Mais elle ne dit rien du « comment vivre » ni du « vivre bien », qui relève d'un choix. Ce choix de vie, cette éthique, se construit en fonction des valeurs que nous estimons suprêmes. La vie a un sens dans la mesure où l'on atteint la réalisation des valeurs qui, pour nous, font qu'elle mérite d'être vécue. Chacun résout donc le problème du sens de la vie par le choix qu'il fait de ce qui donne valeur à la sienne. Pour la plupart des gens — et c'était le cas d'Épicure —, la valeur suprême est le bonheur. Reste à savoir ce que l'on entend par « bonheur ». Le bonheur du retraité qui s'occupe de son jardin est autre que le bonheur de l'amoureux, qui lui-même est autre que le bonheur du jeune homme qui s'est marié selon les conseils de ses parents — ce qui se faisait encore dans ma jeunesse. La valeur suprême peut aussi être le pouvoir, comme dans le *Rodogune* de Corneille. Il donne sens à la vie de beaucoup d'hommes politiques autour de nous. La valeur suprême peut également être le plaisir. Je n'ai pas fréquenté beaucoup de jouisseurs et d'hédonistes mais ils sont nombreux dans la littérature. Épicure ne fait pas partie des hédonistes, contrairement à ce que l'on dit souvent des épicuriens. Il y a aussi ceux qui recherchent les honneurs, ou les scientifiques, qui, telle Marie Curie, consacrent leur vie à la recherche en espérant faire des découvertes qui viendront en aide au genre humain. Il y a encore les artistes, pour qui le sens de la vie est de réaliser des œuvres belles ou tout simplement de créer. Et Achille, qui a tout offert à la gloire en dédaignant le bonheur qu'il aurait pu avoir dans la maison de son père. Et le philosophe, pour qui la valeur suprême est la vérité. Enfin, l'on peut penser simplement que la vie a son sens en elle-même : vivre a du sens en soi, parce qu'il est bon de vivre.

Pour mon épouse, Marie-Thérèse, comme je l'ai raconté, ce que l'on faisait en ce monde n'avait pas tant d'importance, seule l'éternité comptait. Alors que, pour moi, c'est la vie éphémère elle-même qui importe. Puisque, après tout, nous vivons, bien qu'éphémères — les « éphémères », c'est ainsi que les Grecs nomment les hommes. Ma question dès lors est de savoir si je peux être vraiment ami, moi incroyant, avec les croyants. À mon avis, cette amitié ne peut pas, sauf exception, être une amitié totale, du moins telle qu'Épicure décrit l'amitié que cherche tout philosophe. Pour lui, le bonheur est indissociable de l'amitié. Les échanges philosophiques avec les amis sont l'objet d'un désir naturel et nécessaire au bonheur. Mais ces échanges supposent une adhésion commune à l'*orthè philosophia*, la « droite philosophie ». On peut discuter par exemple sur la théorie des éclipses, on peut être en désaccord sur l'explication de la gelée blanche — chez Épicure, on trouve d'ailleurs différentes explications sur ces phénomènes. On peut admettre plusieurs explications à condition qu'elles soient toutes rationnelles et même mécanistiques, c'est-à-dire qu'elles reconnaissent le système des atomes, qui est le point d'accord fondamental. Épicure parle pour les disciples qui sont autour de lui, ou qui vont le devenir en suivant son enseignement. Entre eux, au Jardin d'Épicure, ils vivent un bonheur partagé en amitié. En principe, son discours s'adresse à n'importe qui, mais il faut admettre que cette amitié totale est celle qui peut lier un disciple à son maître ou les disciples entre eux. Je ressens fortement le bonheur que me procurerait une telle amitié. Mais sans maître, ni disciple, ni condisciple, est-elle seulement concevable ?

L'amitié épicurienne est un lien social qui se crée naturellement autour d'un maître vénéré. Toute différente est l'amitié que Montaigne a vécue et dont il a si bien parlé. Il nous présente son amitié avec La Boétie comme unique, comme s'il n'y en avait pas eu de semblable depuis trois siècles ! Chez Montaigne, l'amitié est une exception, pour laquelle il n'y a nulle explication, nulle condition, nulle raison. Pourquoi étions-nous amis ? Parce que nous avions les mêmes amis ? Ou les mêmes intérêts ? Ou les mêmes opinions, notamment sur la religion ? Ou la même façon de voir la cour ? Non, nous étions amis « parce que c'était lui, parce que c'était moi ». C'est aussi une amitié absolue.

Il faut considérer que Montaigne parle de l'amitié longtemps après la mort de La Boétie. Quand il commence à écrire ses *Essais*, il s'aperçoit que quelque chose lui manque. Ce qui lui manque, c'est quelqu'un à qui parler, ou à qui écrire. Peut-être que si La Boétie avait été encore vivant, il n'aurait pas écrit les *Essais* mais une série de lettres à son ami. Il ressent ce manque, par exemple, lorsqu'il voyage en Italie. Et il s'exclame : « Oh, un ami ! » Un ami, c'est la personne avec qui il peut être comme il est avec lui-même. Entre eux, devait régner une compréhension extraordinaire qui n'a pas trait au coup de foudre amoureux, mais plutôt au coup de foudre de l'intelligence mutuelle. Montaigne a rencontré La Boétie, et il s'est dit : « C'est lui », c'était celui qu'il espérait pour pouvoir enfin sortir de soi.

Pour ma part, je crois n'avoir pas vraiment rencontré mon La Boétie. Peut-être suis-je sur ce point trop épicurien, tendu vers l'amitié philosophique d'Épicure comme vers un idéal inatteignable. Car je sais aussi que, même si j'étais d'accord avec quelqu'un sur absolument tout, il n'en résulterait pas forcément de l'amitié. L'amitié, assurément, est une grâce.

Mais de cette grâce, j'ai été favorisé. Il y a eu Claire et il y a Chaïmaa. J'entretiens avec Claire une amitié parfaite qui dure depuis soixante ans. Les choses ont débuté quelque peu amoureusement. C'était en 1955. Claire était une jeune et jolie personne qui, avant d'arriver dans ma classe de terminale au lycée d'Évreux, n'avait connu que l'enseignement religieux, lequel l'avait harassée. Elle était presque fiancée à un jeune homme, élève d'une école d'ingénieurs, qui aurait une belle situation. Elle devait par la suite l'épouser du reste, avoir enfants et petits-enfants et une vie heureuse. Or, très croyante, il lui vint à l'esprit de faire partager sa foi à son professeur de philosophie, sympathique et pourtant athée. Prétextant diverses incompréhensions, elle se fit donner des leçons particulières. Je lui expliquai, non sans quelque malice, les méthodes de Stuart Mill, provoquant un ennui tel que son esprit glissa vers d'autres pensées[1]. L'aventure ne pouvait durer car, outre le fait que je voulais le bien de Claire, je

1. J'ai conté la suite dans *Oisivetés. Journal étrange II*, chapitre 31, PUF, 2007.

n'avais pas l'intention de perdre mon temps et de me compliquer la vie. Nous résolûmes donc d'en rester à l'amitié — amitié qui a tenu jusqu'aujourd'hui. Claire est la seule personne, avec ma sœur, Michèle, qui me téléphone chaque 16 janvier pour me souhaiter ma fête. Si Claire était croyante à la façon des autres croyants en Dieu que je connais, je ne pourrais pas dire notre amitié « parfaite ». Elle serait, au contraire, très imparfaite, quoique pouvant être profonde, sincère, fidèle, etc. Car je suis philosophe, ne voulant connaître que l'expérience et la raison comme moyens d'atteindre la Vérité. Mon ami croyant ne voudrait pas s'en tenir à la Révélation ; il m'assénerait ses « raisons de croire » qui me paraîtraient d'une insigne faiblesse. De là naîtrait une insatisfaction des deux côtés. Mais ce que je rencontre avec Claire, ce ne sont pas des vérités toutes faites, des dogmes, des propositions, c'est Dieu sensible au cœur, c'est une expérience de Dieu. Claire a de l'asthme et souffre, mais elle sent l'aide de Dieu et en est pleine de joie. Elle rayonne une joie de vivre qu'elle transmet à toute sa famille et à moi aussi. Ce n'est sans doute pas une mystique, mais elle vit une expérience mystique.

Si je me tourne maintenant vers mes amis

athées, j'y trouve aussi perfection et imperfection. Je peux vivre une amitié profonde, constante et confiante, mais non parfaite, avec un ami philosophe qui, quoique athée, laisse à Dieu une chance d'exister — « Une chance sur un million », dit-il : oui, mais c'est assez pour donner sens au pari de Pascal et conduire à vivre en chrétien. Amitié imparfaite, aussi sincère soit-elle, lorsque mon ami, quoique athée, pense qu'il serait mieux que Dieu existât, alors qu'à mes yeux, en ce cas, la vie serait absurde car il faudrait admettre que toutes les horreurs du monde sont justifiées. Il est déjà difficile de vivre dans un monde où l'injustice est le fait général ; il serait impossible de vivre dans un monde où l'injustice serait la règle. Avec d'autres amis, la fêlure dans l'amitié tient à des désaccords géopolitiques : l'un a soutenu la guerre d'agression des Occidentaux contre la Libye, dont le résultat est la guerre civile (or la guerre civile est « le plus grand des maux », dit Pascal), un autre aurait voulu que l'on bombarde la Syrie, pays qui ne nous a rien fait (les meilleurs peuvent se tromper : Rony Brauman, qui a eu une position juste sur la Libye, a eu une position fausse, à mes yeux, sur la Syrie). Mais une amitié imparfaite peut être exceptionnelle, si, plus profondément que les divergences qui sont relatives au siècle, règne une sorte d'entente et de paix.

Quant à la perfection, elle est réalisée dans l'amitié qui me lie à Chaïmaa. Toutefois, je puis dire « presque parfaite » l'amitié qui me lie à Noël (Natale, en corse). Nous sommes d'accord sur tous les sujets : métaphysique athée, morale universelle, mode de vie épicurien, et la Libye, la Syrie, et il est prorusse, comme moi. Alors, pourquoi « presque » ? Noël est indépendantiste, et je ne puis l'être, n'étant pas corse. Si j'étais corse, je serais probablement indépendantiste — « probablement » mais pas certainement ; je serais peut-être autonomiste. Car mon ami Jean-Guy Talamoni, le chef des indépendantistes, dans sa thèse *Littérature et Politique en Corse*, qui est, du reste, un livre magnifique, a cru bon de critiquer la Révolution française, dont Hegel a dit que ce fut « un superbe lever de soleil pour le monde », et dont il a souligné le sens universel — dans ce livre quelque peu méconnu qu'est *Leçons sur la philosophie de l'histoire*. Certes, Noël n'approuve pas la critique de notre ami : aussi, la fêlure dans notre amitié se réduit-elle à peu de chose.

Chaïmaa est marocaine. Je lui ai conté que

les Arabes, vers l'an 700, avaient remonté la Dordogne jusqu'à Beaulieu, qu'un chef arabe avait très bien pu s'intéresser à une gente Limousine, que j'étais peut-être le descendant d'un chef arabe. Elle m'a répondu que ça n'avait pas d'importance, qu'elle n'était pas raciste. Soyons sérieux. Au cours de ma longue vie, j'ai reçu de nombreuses lettres, dont deux seulement m'ont bouleversé : celle qu'Émilie m'a adressée en juillet 2001 — j'en parlerai au chapitre suivant — et celle que j'ai reçue de Chaïmaa en octobre 2013. C'était une lettre de six pages, portant le timbre de Casablanca avec l'effigie de Mohammed VI, et dont voici le début :

« Cher Marcel Conche, je vous écris d'un pays étrange, d'une ville sombre et stérile, qui m'éloigne de moi-même. Je vous écris de cette chambre accueillante, chaleureuse, espace-couveuse qui me rappelle l'enfant silencieuse que j'étais, l'enfant qui méditait ses nuits, et qui pleurait ses jours sur une feuille vierge. Voyez-vous, cette même chambre me vit maintes fois m'entretenir avec vous tandis que je vous lisais ; je vous parlais comme si vous étiez là, comme si vous me regardiez. Je quémandais des réponses à certaines interrogations demeurées suspendues et vous (cette illusion que mon esprit inventait pour son propre compte) me dévoiliez l'orientation vers leur sens. Monsieur Conche, il m'arrive des fois que vous me manquiez, bien que je porte vos mots et vos phrases en moi, auxquels j'accours lorsque je me trouve entourée d'une compagnie qui me détourne de ma voie essentielle, celle de la recherche de la vérité [...]. »

Cette lettre a été écrite le 10 octobre 2013, jour anniversaire de celui où elle m'avait « découvert » grâce à son professeur, M. Zaid. « Je ressentis en lisant cette lettre une forte émotion créatrice. Il me sembla que nous avions nécessairement quelque chose à faire ensemble. Je décidai [...] qu'elle serait mon accompagnatrice de mon chemin de pensée[1]. »

Chaïmaa et moi avons choisi d'être indissociables par l'esprit, et je ne crois pas que rien, jamais, puisse entamer la perfection de notre amitié.

1. Dans la préface à mon livre *Ultimes réflexions*, HDiffusion, 2015.

II

La mort heureuse

La recette du bonheur selon Épicure est composée d'un quadruple remède (*tetrapharmakon*) : quatre résolutions à prendre, quatre vérités à adopter. Ne pas craindre les dieux puisqu'ils ne s'occupent pas des affaires humaines est le premier remède — dont j'ai déjà parlé. Le deuxième est de savoir que la mort n'est rien « pour nous » (par rapport à nous). Il ne sert à rien de fantasmer sur ce qui vient après la vie, puisque, après la vie, c'est simplement la non-vie. Il ne s'agit pas là d'une opinion mais d'une vérité démontrée. L'âme est constituée d'atomes, très petits et très lisses, qui, quand le corps est vivant, sont retenus à l'intérieur de celui-ci. La vieillesse venue, la capacité du corps à retenir les atomes de l'âme diminue de sorte que cette dernière se disperse dans les airs. La mort est cette dissolution de notre être. Nous ne sommes donc plus rien après la mort. C'est exactement ce que semble nous dire Montaigne lorsqu'il écrit : « Pourquoi prenons-nous titre d'être, de cet instant qui n'est qu'une éloise [un éclair] dans le cours infini d'une nuit éternelle et une interruption si brève de notre perpétuelle et naturelle condition ? » Car il ajoute : « La mort occupant tout le devant et tout le derrière de ce moment et une bonne part encore de ce moment [qu'est le sommeil]. » Avant la vie, c'était la mort, après, c'est la mort. Cette vision justifie que l'on se demande si Montaigne était vraiment croyant. Sachant que, à son époque, un aveu d'athéisme conduisait aux supplices de l'Inquisition, peut-être a-t-on fait semblant de croire que Montaigne était catholique parce qu'il entretenait les meilleures relations avec des personnages importants du royaume.

Certes, il a effectué un pèlerinage à Notre-Dame-de-Lorette, mais cela ne prouve rien puisque, moi-même, je suis allé à Lourdes (pour y conduire mes tantes) ! On pourra aussi objecter que Montaigne suivait la messe mais il aurait été inconvenant au château que le maître ne donnât pas l'exemple de la piété. Il écoutait donc la messe tous les matins, sans se lever de son lit cependant car on la disait dans la pièce au-dessous de sa chambre et il avait fait pratiquer une trappe entre les deux étages. Il savait vivre en donnant l'apparence de la plus grande fidélité à la tradition. Je n'affirmerais pas que Montaigne était totalement athée, mais qu'il philosophait en pur païen, comme si la religion chrétienne n'existait pas. Dans les *Essais*, il ne se réfère presque jamais à Jésus-Christ (cinq ou six fois) alors qu'il cite Socrate cent treize fois et Platon cent quatre-vingt-dix-sept. C'est ainsi que l'on peut rapprocher Montaigne d'Épicure sur la question de la survie de l'âme. Dans sa sagesse tragique, il accepte l'incertitude fondamentale de la vie, donc de la mort, la seule certitude étant justement que nous allons mourir. Mais il y a bien des manières de trépasser et Montaigne, hélas, n'a pas eu de chance : il rêvait de s'éteindre tranquillement dans son lit mais il est mort de façon affreusement douloureuse, étouffé par un phlegmon des amygdales dont il aurait été guéri aujourd'hui en cinq minutes.

Je considère la mort de la même façon qu'Épicure et Montaigne. Certains disent aux croyants : « Vous avez de la chance de croire en Dieu pour ne pas voir la mort comme une fin. » Je ne perçois pas cela comme une chance. Mieux vaut savoir que croire et je préfère ce dont je suis certain : l'âme, disons plutôt le « principe personnel », est dissous lorsque survient la mort. Je n'ai donc pas besoin de m'y préparer, pas plus que je n'ai besoin de me préparer à m'endormir. L'être humain est un produit de la Nature, « condamné » à ne vivre qu'un temps. La mort n'est pas la sanction d'un péché originel mais est inscrite dans le cours naturel des choses. C'est pourquoi l'homme a le droit de vivre naturellement et de mourir naturellement. Si je suis convoqué pour une formation de soldat, j'ai donc le droit absolu de demander : « Mon général, puisque vous voulez que j'aille à la guerre, pouvez-vous m'assurer que je ne risque pas de mourir d'une mort violente, ou que je ne vais pas empêcher quiconque de mourir d'une mort naturelle ? » Évidemment, il ne peut pas m'assurer cela, lui, ce général, qui dépend d'un ministre de la Guerre, dépendant lui-même d'élections prétendument démocratiques… Mais que valent les lois humaines par rapport aux lois naturelles ? Puisque la Nature a décrété que j'avais le droit de mourir d'une mort naturelle, je dis donc au ministre de la Guerre : « Fichez-moi la paix, vous n'êtes rien par rapport à la Nature, dont la loi est supérieure à la vôtre. » Et s'il me menace de m'envoyer les gendarmes pour insubordination, je ne craindrai rien : la dernière fois, lorsque j'ai échappé à l'incorporation en 1944, il leur a fallu quatorze ans pour me retrouver !

Si la mort est le terme naturel de toutes les choses finies, il faut cependant considérer la différence fondamentale entre celles-ci. Pour l'exprimer, j'emploie deux termes : « finité » ou « finitude ». Je parle de la « finité » des objets et des choses, qui sont des êtres finis qui n'ont pas conscience de devoir finir. Je parle de « finitude » pour l'être humain, parce qu'il sait qu'il doit mourir. Pour l'animal, le doute est permis. Il est possible que les animaux, du moins ceux qu'on dit « supérieurs », sentent venir la mort. Certains ont, par exemple, le réflexe d'aller se cacher comme s'ils étaient mus par le pressentiment obscur que leur vie s'achève. Il y avait ici, à la Maisonneuve, un petit chien, qui appartenait à mon voisin. Il se traînait dans le village, il n'y voyait presque plus rien, il se laissait guider par les bruits pour autant qu'il les identifiait, et, un beau jour, il s'est éteint. A-t-il senti que la mort venait ? Peut-être, mais de façon si difficile à concevoir qu'il faudrait des études plus précises à ce sujet. En l'état de mes connaissances, je n'affirmerais donc pas que ce petit chien percevait qu'il était près de la fin. Il m'arrive souvent de ne pas sentir que je vais m'endormir.

Bien sûr, je n'affirme pas pour autant que l'animal ne sent rien et ne souffre pas. À ce propos, mon amie la philosophe Françoise Dastur a objecté à mon argument sur la souffrance de l'enfant martyr, mal absolu, que la souffrance animale pourrait être aussi une figure du mal absolu, étant tout aussi injustifiable que la souffrance des enfants. J'admets cet argument (s'il s'agit de la souffrance vaine — car la souffrance est utile comme avertisseur de danger) mais il est, à mon avis, moins fort que celui de la souffrance de l'enfant. Quand l'enfant souffre, on ne doute pas qu'il souffre car nous avons tous été enfants, et nous avons souffert, pleuré, crié, alors que nous n'avons pas l'expérience de la souffrance animale parce que nous n'avons jamais été un animal. C'est ainsi que Descartes a pu dire que les animaux ne souffraient pas. Certes l'animal se conduit comme s'il souffrait mais, en réalité, c'est une pure machine, un « automate », dit-il, qui fonctionne de telle façon qu'il produit des cris de souffrance. La thèse de Descartes est irréfutable en bonne logique et en savoir, mais presque personne ne la croit juste... sauf Pascal au XVIIe siècle parce que voir les animaux comme de pures machines sert son apologétique du christianisme (la souffrance humaine s'explique par le péché originel mais l'animal n'a pas péché).

Je me plais beaucoup au cimetière d'Altillac. C'est un petit cimetière, à côté de l'église, qui domine le village. Là, au moins, les humains ne me dérangent pas. J'aime lire les inscriptions où je reconnais les noms qui me sont familiers. J'aime aussi les vases fleuris et les tombes bien entretenues. Toute ma famille est ici, à commencer par ma maman. Non loin, se trouvent la tombe de ma femme, Marie-Thérèse, celle de mon père et celle de Maman Marie. La mienne est prête, l'inscription sur la pierre n'attend plus que la date de ma mort. Sur ma tombe, il n'y aura rien, mais une grande croix figure sur celle de ma femme, qui est morte en chrétienne. Je ne sais pas si Marie-Thérèse a pu penser à la survie de son âme lorsqu'elle a approché la mort... Si je me plais dans mon petit cimetière d'Altillac, c'est que j'y retrouve également la Nature : tous ces êtres finis, quelles qu'aient été leurs vies (des vies brèves et des vies longues, des vies chanceuses et d'autres misérables, etc.), sont réunis dans une grande égalité. C'est la justice qui a le dernier mot. La société nous donne le spectacle de l'injustice. La Nature est bonne parce qu'elle produit des êtres viables mais elle est injuste aussi : comme le veut Héraclite, elle unit les contraires (justice et injustice). Elle génère, par exemple, un bon gros crocodile qui fait très bien son boulot de crocodile, et tant pis pour l'antilope qui passe entre ses crocs. L'injustice de la Nature prouve, d'une certaine manière, qu'elle est la cause originelle de toute chose et non pas un Dieu parfait qui ne saurait être que juste. Le côté négatif des réalités naturelles tient à ce que la Nature produit toute chose, tout ce qui est ordre, à partir d'un désordre éternel dans les éléments premiers, et selon les lois du hasard.

Si être mort ne me soucie pas, je peux néanmoins éprouver quelque angoisse à penser à la façon dont je vais mourir. La vieillesse s'empare de notre être et, enfin, a raison de nous mais je n'aimerais pas mourir dans un état lamentable, si lamentable que les autres autour de moi souffriraient d'attendre que ma vie finisse. C'est pourquoi je suis en faveur de l'euthanasie, j'entends le suicide assisté. Il faut savoir prendre ses dispositions tant qu'on le peut encore. Un véritable ami est celui qui, même lorsque je ne pourrai plus m'exprimer, saura comprendre et faire ce que j'aurais voulu. Si je choisissais de mourir volontairement, j'opterais pour un moment où je ne risquerais pas d'être découvert trop tôt : on serait fichu de me réanimer à toute force, ce qui me mettrait dans une grande colère. Je ne choisirais donc ni le jour où vient mon aide-ménagère, ni le dimanche parce que mon fils me téléphone à 18 heures. Je penserais à ces raisons pratiques mais, en réalité, il s'agit surtout de déterminer le moment par rapport à sa propre vie : celui où l'on peut apprécier que l'on n'est plus vraiment soi-même.

Je peux ici sembler en contradiction avec moi-même lorsque, d'une part, je milite pour la mort naturelle et, d'autre part, je parle comme si je songeais à mettre fin à mes jours. Mais la contradiction est résolue tant que je ne mets pas effectivement fin à mes jours ! Car, au fond, je n'en ai ni l'intention ni l'envie. J'ai encore beaucoup de raisons de souhaiter continuer à vivre. Montaigne, qui avait un amour de la vie inébranlable, est trop gai pour moi, qui penche vers la tristesse pascalienne. Cependant, même avec une tonalité plus sombre, je peux dire comme lui : « J'aime la vie. » Et je crois que tous les vivants peuvent le dire.

Est-il alors possible de rêver d'une mort heureuse ? D'être heureux de finir sa vie ? D'après leurs dernières lettres, certains résistants fusillés ont eu une mort heureuse, en criant « Vive la France ! » et leur amour pour leurs femmes ou leurs familles, au moment de tomber sous les balles. Une mort heureuse serait en ce cas une mort non que l'on aurait voulue en tant que telle, mais une mort qui donnerait sens à un engagement, à une vie. Sur un mode moins héroïque, il est possible que j'aie envisagé quelque chose comme la « mort heureuse » en partant pour la Corse en 2008. J'avais 86 ans, j'ai quitté ma maison de Treffort, j'y ai laissé le verger que j'avais planté, les murs couverts du lierre cher à Dionysos et la plupart de mes livres, pour aller vivre en Corse auprès d'Émilie.

12

Émilie et les lieux vivants

J'ai dit que, de toutes les lettres que j'avais reçues, deux seulement m'avaient bouleversé, celle de Chaïmaa, dont j'ai donné un extrait au chapitre 10, et celle d'Émilie, parvenue en juillet 2001, que j'ai publiée dans *Confession*[1].

Dès que j'en eus pris connaissance, je téléphonai à Émilie : « Quand viendrez-vous ? » À son arrivée à l'aéroport Saint-Exupéry, près de Lyon, le 6 août 2001, elle me tutoya tout de suite. Elle avait 31 ans. Sa mère était vietnamienne, d'ascendance indienne. Émilie avait occupé une haute fonction dans une ONG, avait démissionné, puis échoué en Corse en naufragée et s'était louée comme bergère à Noceta (Haute-Corse) tout en suivant les cours de l'université de Corte. Elle

1. *Confession d'un philosophe. Réponses à André Comte-Sponville*, Albin Michel, 2003, chapitre 17.

avait découvert là, « sur une étagère poussiéreuse », mon édition des *Fragments* d'Héraclite, laquelle lui avait donné l'idée de venir me voir à Treffort pour me demander de lui apprendre le grec. À cet effet, elle voulait que je la suive en Corse. Pourquoi pas ? Cependant, elle rentra seule, car je ne me considérais pas assez savant pour lui apprendre non seulement à lire mais à parler couramment le grec ancien — ce qu'elle souhaitait.

Pourtant, de 2001 à 2008, l'idée d'aller en Corse fit en moi son chemin. J'imaginais que là-bas était la « vraie vie », la vie intense. Le 11 août 2001, j'écris sur mon agenda : « Effet de la venue d'Émilie : je me sens tout ensoleillé. » Émilie était pénétrée de culture persane. Je fis venir de Paris les œuvres d'Attar, Rûmî, Ferdowsî, je m'intéressai à l'itinéraire mystique du soufisme iranien. J'allai en Inde, dont Émilie m'avait parlé, puis en Chine, dont elle ne m'avait pas parlé. Découvrant Lao-tseu, je fis du chinois durant toute l'année 2002 et publiai ma traduction du *Tao Te king* en 2003.

Vint l'année 2008. Après que Raphaël Enthoven eut fait en 2007 une émission « À voix nue » sur France Culture avec moi, Émilie, qui en avait eu connaissance par sa mère, m'avait téléphoné et avait paru souhaiter ma venue en Corse. Dès lors, je résolus d'y faire un petit séjour. Il eut lieu au cours de la dernière semaine d'avril. À Aléria, je logeais à L'Atrachjata (« Le Crépuscule »), l'hôtel où Émilie était réceptionniste. Je rencontrai Noël (Natale), avec qui elle vivait au centre équestre qu'il avait fondé, et qui devint mon ami. Nous allâmes à l'université de Corte, à la bibliothèque. Mon *Héraclite* s'y trouvait, si poussiéreux qu'il semblait n'avoir été, depuis sept ans, consulté par personne. Grâce à Émilie et à ses amies, Claudine, Annie et Claire, qui m'emmenèrent à Ajaccio, je passai une merveilleuse semaine dans l'« île de Beauté ».

Rentré chez moi, à Treffort, tout en reprenant ma vie ordinaire, je continuai, par l'imagination, à vivre en Corse comme si j'y étais toujours. Or, en ce temps-là, je me figurais avoir peu de temps à vivre et je songeais à une mort volontaire (j'ai adhéré quelque temps à l'ADMD, l'Association pour le droit de mourir dans la dignité). Vers la fin mai, la décision se fit de revenir en Corse pour y vivre et y mourir. Je songeais qu'en présence d'Émilie, je pourrais vivre une mort heureuse. Après avoir eu son accord, j'écrivis ceci :

« J'avais un moment écarté l'idée de vivre en Corse, pour ne pas donner à mes amis [Émilie, Noël] le spectacle de mon dernier déclin. Mais cette raison a perdu de sa valeur lorsqu'il m'est venu à l'esprit de demander à Émilie si elle accepterait que je choisisse la mort volontaire, et que, pour le dernier acte de ma vie, nous décidions ensemble du moment opportun. Elle a accepté, preuve d'amitié que je tiens pour extraordinaire. Mourir, je crois, me sera facile, si cela a lieu en présence d'Émilie, comme jadis pour Socrate en présence de Phédon [...]. »

L'esprit de ce texte n'est plus le mien. C'est que, depuis, avec Chaïmaa, la mauresque, un vent venu du Sud a fait chavirer mon esprit vers le bonheur. Mais durant tout le temps de mon second séjour en Corse, du 7 juillet 2008 au 23 juillet 2009, était présente l'idée de la vieillesse et de la mort.

Émilie avait préparé ma venue pour un séjour définitif. Nous vécûmes beaucoup de moments de bonheur : c'étaient ceux où, fatiguée par les travaux de la journée (aux oliviers, à l'hôtel et à soigner les chevaux), Émilie venait dîner chez moi, et durant lesquels nous avions de merveilleuses conversations où se mêlaient philosophie, poésie et mystique. Noël nous rejoignait parfois. Il y avait aussi les moments où nous allions au restaurant. J'aimais quand Émilie commandait son apéritif : un « muscat pétillant ».

Le rêve d'Émilie était de rencontrer son « Hector » et d'être épouse et mère. Ivo était un Italien qui lui livrait des oliviers. En mars 2009, elle vit en lui son Hector et songea à se marier avec lui. Je compris vite que je ne pouvais devenir l'ami du couple et décidai de mettre fin à mon expérience corse. J'avais connu une année de bonheur et de souffrance, de souffrance heureuse. Aujourd'hui, Émilie, devenue épouse et mère — Théa a eu 4 ans en 2014 — est contente, et nous sommes toujours amis.

L'idée de la mort heureuse est pour moi entièrement située dans ce moment et dans ce lieu où elle m'a traversé. Et je l'ai laissée là-bas, en Corse, comme une pensée qui n'est plus la mienne. Les pensées qui me font vivre sont celles que je retrouve chaque jour, que je réanime sans cesse, que je revérifie. C'est le cas, par exemple, de la souffrance des enfants (qui hélas n'a pas cessé) ou de la présence de la Nature. Je n'ai qu'à m'approcher du ruisseau et c'est toute la Nature qui vient à moi. Ainsi, tous les jours, je recommence la philosophie à zéro. D'autres pensées, en revanche, ne reviennent plus. C'est le cas de toutes celles que j'ai eues lorsque je vivais dans le voisinage d'Émilie. Entre 2008 et le moment où j'ai retrouvé mon équilibre ici, à la Maisonneuve, j'ai vécu dans une absence à moi-même. Durant cette période, j'ai été dominé, subjugué par la force d'émotion que me donnait Émilie, par son inspiration à la fois philosophique, poétique, mystique, etc. Je savais que j'en savais bien plus qu'elle, mais sa présence me rendait petit garçon…

Émilie, qui avait beaucoup voyagé, cherchait un lieu où elle se sentirait « chez elle ». Moi, qui ai vécu sédentaire, c'est dans la philosophie, avec les idées, que je me sens chez moi. Je suis pourtant très attaché aux lieux, mais comme à des personnes, des personnes un peu idéales parce qu'elles déçoivent rarement, ne vous quittent guère et, si l'on en prend soin, ne meurent pas. J'aime que les maisons vivent, aient leur vie propre. Moi, ce n'est pas la peine de me chercher dans cette maison, ou dans une autre. Je n'y suis pas. Mon âme est dans mes livres (et dans les âmes de ceux qui m'aiment — famille et amis). Je vois pourtant la Maisonneuve, où je vis et où sûrement je mourrai, comme une entité vivante. Il importe peu qu'elle ne ressemble plus à la maison que j'ai aimée dans mon enfance. Elle a été la demeure de ma mère avant son mariage. C'est pourquoi je souhaiterais qu'elle ne soit pas vendue après ma mort. Mon père non plus n'aurait pas aimé que sa maison du Rodal soit vendue. Elle appartient aujourd'hui à ma sœur, qui a enfants et petits-enfants : elle sera pérenne. Il me plaît de même de penser que les maisons où j'ai vécu demeureront, seront habitées et vivantes — non comme une trace de moi, puisque je suis et serai définitivement ailleurs, mais comme des personnes connues, que l'on n'abandonne pas.

Car une maison, on la connaît aussi bien qu'une personne. On sait où est la cave, ce qu'il y a au grenier, où les affaires sont rangées. La maison peut jouer des tours : un plancher s'écrouler, le toit fuir, les fenêtres ne plus fermer, une canalisation geler, etc. Non loin d'ici, sur un coteau voisin, vit une dame qui ne sort plus, ne quittant presque plus son lit, elle peut à peine se déplacer jusqu'à sa cuisine. Le médecin a voulu la faire entrer à l'hôpital mais elle ne veut en entendre parler à aucun prix. Elle souhaite mourir dans son lit, chez elle. Moi, aussi, je veux mourir chez moi.

Mon âme n'est pas dans les lieux mais je les porte en moi. Mon appartement de Versailles, par exemple, était un grand appartement dans le « style de Versailles ». Cette ambiance aristocratique me satisfaisait beaucoup. D'ailleurs, si je n'avais pas été issu du monde paysan, j'aurais aimé être aristocrate... mais issu de la vieille aristocratie, pas de l'aristocratie embourgeoisée d'aujourd'hui. La vieille aristocratie me convient bien, avec ses usages, ses traditions, ses savoir-vivre, ses savoir-faire, ses règles de courtoisie, si sévères que le moindre manquement vous disqualifie, vous bannit, vous démode... Si j'étais né dans une famille aristocrate du XVIIe siècle, j'aurais eu, enfant, un précepteur particulier qui m'aurait appris le latin et le grec, peut-être même un peu d'hébreu, surtout quand j'aurais su que le grand copain Spinoza apprenait cette langue. Voilà Versailles !

À Treffort, j'ai passé vingt ans de tranquillité exceptionnelle à philosopher. J'aimais cette grande maison du XVIIIe siècle, avec, là aussi, du style et du caractère. Je l'ai agrandie en aménageant l'annexe pour les invités, avec une chambre, une salle de bains et une pièce pour ranger les livres, avec vue sur la montagne. Quand j'ouvrais les deux grandes fenêtres de mon bureau, je ne voyais que la montagne. J'étais dans les conditions idéales pour travailler. Je me souviens encore de mon plaisir à sortir par la cuisine pour aller faire le tour du parc et admirer les arbres, dont j'avais planté un certain nombre : pommiers, poiriers, châtaigniers, néfliers bien entendu, et la haie très fournie qui me séparait du chemin vicinal et du voisin. Treffort est le lieu où j'ai vécu aussi heureux que l'on peut être rendu heureux par un lieu.

Enfin, il y a la Corse, où j'ai séjourné cette année intense. J'habitais une villa moderne assez quelconque, sans caractère. Le lieu, le vrai lieu de ma vie, n'était pas alors la maison mais la plaine d'Aléria, les immenses vignes entre la route qui menait à la mer et l'étang de Diane. Lors de mes promenades, j'allais jusqu'à celui-ci, ou bien voir la mer et, au-delà de la mer, la Grèce, qui est toujours dans mon esprit. Du côté de l'ouest, du côté de la montagne et du maquis, se trouvait le *temenos*, le « domaine sacré », la colline d'Émilie plantée d'oliviers. Ce lieu, je m'y sens encore un peu chez moi parce que j'y ai été heureux.

Finalement, c'est cela, se sentir chez soi : on est chez soi là où l'on a été heureux, même si les lieux ne nous appartiennent pas. Quand mon ami Noël passe près du *temenos*, il ne peut pas ne pas se souvenir de moi lorsque j'arpentais cette colline et sûrement qu'Émilie aussi se le rappelle. Un souvenir de moi est inscrit dans cette colline.

Mes remémorations d'Aléria sont liées à la vigne (j'aimais la grande solitude des vignes après les vendanges), donc à Dionysos, à l'olivier, donc à Athéna, aux Romains qui peuplaient le lieu dans l'Antiquité, et aux Grecs. Certains racontent que Parménide serait peut-être passé là, abordant en Corse avant de voguer vers l'Italie du Sud que l'on appelait la « Grande Grèce ».

Alors que la vieillesse était venue, je me trouvais, un certain mois d'avril, au sommet de la colline des oliviers, le *temenos*. Et je respirais l'air des cimes qui parfois l'emportait sur les brises venues de la mer, cela tandis qu'Émilie et Noël travaillaient sous mes yeux à la plantation des derniers arbustes. À un moment donné, je dis à Émilie : « Ces souffles que nous envoient la montagne et la mer disent le côté généreux de la Nature : généreux seront les oliviers, l'huile sera d'une qualité rare. » Alors, j'ajoutai : « Car ici aussi il y a des dieux (*einai gar kai entautha theous*) » : je reprenais une parole d'Héraclite, lui songeant au foyer de sa cuisine, moi à ce *temenos* où se fonderait bientôt le foyer d'Émilie. Or l'huile d'olive a abondé. Émilie en donne, en vend. Un petit carton accompagne chaque bouteille. Il est ainsi rédigé : « C'est l'histoire d'une rencontre entre la douceur des brises marines et le souffle venu des hauteurs enneigées ; c'est un lieu où l'homme et l'olivier se retrouvent avec le plus grand des respects ; c'est un moment de joie à chaque automne pour l'homme et la nature complices qui se réjouissent de voir qu'ici aussi, il y a des dieux. »

13

Amour de jeunesse,
amour de vieillesse

Je me suis arrêté, chemin faisant, sur le premier élément du quadruple remède d'Épicure pour atteindre le bonheur : que les dieux n'interviennent pas dans les affaires des hommes ; sur ce point, Épicure et moi avons abondé dans le même sens. Puis, j'ai rencontré le deuxième : la mort n'est rien pour nous, puisque, une fois intervenu l'instant de la mort, notre être se dissout ; là-dessus aussi, Épicure et moi nous sommes accordés pour affirmer qu'il n'y a rien à craindre de la mort si, après elle, nous ne sommes plus capables d'aucune sensibilité. Reste à présent à examiner les deux dernières prescriptions : le bonheur est facile à obtenir, la souffrance facile à supporter. Et, pour Épicure, cela n'est possible que si nous maîtrisons nos désirs, de sorte que les satisfaire ne nous crée aucune difficulté. Il me faut donc examiner ces désirs et me demander si, sur ce point aussi, mon mode de vie concorde bien avec celui que conseille Épicure.

Le philosophe grec établit d'abord une distinction fondamentale entre les désirs naturels et les désirs vains : ce que la Nature nous fait désirer nous mène sans effort à la satisfaction complète, tandis que les multiples satisfactions que nous apportent les désirs vains ne sont pas complètes parce qu'elles creusent de nouveaux désirs de « toujours plus », qui ne sont jamais comblés. Les désirs naturels se distinguent à leur tour en ceux qui sont nécessaires et ceux qui ne le sont pas. Les désirs naturels et nécessaires le sont pour des raisons simplement vitales — il faut manger et boire pour vivre — ou pour le bien-être, l'*indolentia* du corps, qui laisse l'esprit disponible — il faut un abri et un vêtement, contre les intempéries, le froid, l'extrême chaleur. Enfin, le désir de philosopher est tout aussi naturel et nécessaire pour l'*eudaimonia*, c'est-à-dire pour le bonheur. Selon Épicure, ce désir de philosopher n'existait pas chez l'homme primitif parce qu'il vivait en pleine nature, mais l'homme civilisé, vivant dans les villes, a besoin de la philosophie pour revenir autant que possible à la nature. Or le désir de philosopher ne va pas sans le désir d'amitié : on ne philosophe pas tout seul, le bonheur que l'on a à philosopher est un bonheur éprouvé en commun dans la discussion. Épicure ne conçoit pas le bonheur solitaire : il appartient à l'essence même du bonheur d'être partagé. Sur tous ces points, je m'accorde parfaitement avec lui, si ce n'est que je ne vis pas avec mes amis et qu'il m'est donc difficile d'éprouver l'amitié parfaite avec eux. J'ai déjà évoqué ce problème, qui m'éloigne du bonheur épicurien.

Parmi les désirs naturels, certains ne sont pas nécessaires à satisfaire pour atteindre le bonheur. C'est ainsi qu'Épicure voit le désir sexuel. Ce désir (il pense essentiellement au désir masculin) provient d'une surabondance d'atomes chez l'homme qu'il peut tout aussi bien dépenser dans un travail physique intense ou une longue promenade pour retrouver l'équilibre de son corps. Pourquoi pas alors dans l'activité sexuelle ? Épicure n'a aucun préjugé sur les relations charnelles mais, prévient-il, il convient de prendre garde de ne pas y perdre du temps et de l'argent — car les courtisanes coûtent cher ! Il faut se souvenir de la règle de la *phronesis*, de la « prudence » : songer toujours à ce qui peut se passer après. Si Gilberte nous invite à prendre un thé dans son studio, très bien. Mais quelle sera la suite ? Restons réservés car nous sommes avant tout philosophes… bien qu'humains. Lorsqu'on est vieux, il est facile d'être prudent car l'amour de vieillesse est sans désir, tandis que l'amour de jeunesse est essentiellement un amour de désir. Sophocle se réjouissait énormément d'être, grâce à son âge avancé, débarrassé de cette sollicitation du corps, pour pouvoir créer tranquillement sa dernière tragédie.

Autre désir naturel mais non nécessaire au bonheur : le désir de beauté, le plaisir esthétique que l'on prend, par exemple, aux spectacles. Les épicuriens ne les réprouvent en aucune manière. Là, Épicure prévenait surtout contre la poésie homérique, Homère nous présentant les dieux sous un triste jour : tous, chez lui, sont animés de passions humaines, leur jalousie, leur ressentiment, leur insensibilité à autrui étant même décuplés par leur pouvoir divin. Au contraire, la poésie devrait nous décourager des passions humaines. C'est ce que fait Lucrèce, le plus grand poète épicurien, dans le livre IV du *De natura rerum* où il cherche à nous détourner de l'amour… quitte d'ailleurs à tomber dans la misogynie.

Mais nul opprobre n'est jeté sur le plaisir esthétique en lui-même. Plutarque raconte qu'Épicure assistait avec joie au spectacle des grandes dionysies. Et lorsque Lucrèce peint le bonheur des hommes primitifs, il les représente vivant dans une parfaite tranquillité heureuse, « dansant et jouant de la musique », une musique rustique qui suffit à leur plaisir. Nul besoin, pour augmenter le plaisir esthétique, de recherches sophistiquées au théâtre, en musique ou dans la danse. Le bonheur s'obtient par un art naturel… celui, par exemple, des danses campagnardes et de l'accordéon des Auvergnats. Un bal de village peut procurer tout le bonheur possible, si l'accordéoniste est bon et si on danse la bourrée. C'est d'ailleurs en épicurien que je place la bourrée bien au-dessus du *Lac des cygnes* ! Dans la bourrée, le corps est à l'aise, il danse, il est heureux. Au prix de quelles contraintes sur leur corps les danseuses du *Lac des cygnes* réalisent-elles les figures que nous applaudissons ? Lorsque la beauté de l'art a un tel coût humain — le sacrifice de ces petites filles dans les écoles de danse —, elle est contraire à la nature et ne satisfait alors que les buts illusoires de vanité, d'honneurs ou de performance. Voilà pourquoi je suis pour la suppression du ballet d'opéra et la généralisation de la bourrée (il est toutefois possible que, là, je plaisante un peu !).

Pour Épicure, sont vains tous les désirs qui nous engagent dans l'illimité, c'est-à-dire qui nous éloignent de la Nature. Car vivre selon la Nature, c'est, par essence, vivre sous le règne de la limite. La vanité de l'illimité peut d'ailleurs fort bien se greffer sur des désirs naturels : au lieu de se contenter d'une nourriture suffisante à apaiser la faim, on cuisine des plats compliqués, trop riches, qui donnent envie de manger plus que nécessaire. De même, on invente des boissons fermentées, qui suscitent le désir d'y revenir plutôt qu'elles n'apaisent la soif. Et l'on finit par gâcher sa santé : on mange trop, pas ce qu'il faut, on est dépendant de sa gourmandise. Les épicuriens accordent une importance majeure à la santé du corps puisque, pour éprouver le bonheur de la philosophie, il est préférable de ne pas être entravé par un corps déficient. Un épicurien strict, donc, ne cuisine pas.

Je dois avouer que je fais cuire mon macaroni ou mes pommes de terre, mais je ne m'occupe pas de poivrer ou de saler. La fadeur ne me déplaît pas. Tous mes invités sont obligés de chercher le sel chez moi. En revanche, je n'aime pas l'eau et cela me sépare d'Épicure. J'ajoute souvent un peu de jus de raisin pour la supporter et j'aimerais assez boire régulièrement du vin. Épicure, allant au marché, en revenait avec un gros pain d'orge et sans bouteille de vin. Mais si un épicurien est invité et s'il y a du vin à table, il ne refusera pas d'en boire ; il apprécie de bien manger et de faire honneur à la cuisine de ses hôtes. Si je suis invité, je n'exige évidemment pas qu'il n'y ait ni sel ni vin à table !

Des désirs naturels, c'est peut-être le désir sexuel qui se perd le plus facilement dans l'illimité du désir vain. Épicure critique la passion amoureuse, en ce qu'elle modifie le désir sexuel naturel : il devient intense mais insatiable, et la passion n'est jamais comblée — même par la satisfaction sexuelle. La passion amoureuse nous fait tomber dans un délire qui s'alimente de l'illusion d'un bonheur inatteignable. Ce bonheur absolu avec l'être désiré se fait toujours attendre, même lorsque la passion est partagée. Si elle ne l'est pas, alors c'est une souffrance inutile, une désespérance gratuite, un tourment stérile que l'on s'inflige et qu'aucun être raisonnable, donc aucun philosophe, ne peut souhaiter pour soi.

Du reste, on ne connaît pas de philosophe qui ait été égaré par la passion amoureuse. Montaigne explique que, lorsque l'on sent la passion venir, il faut se tourner vers autre chose et tâcher d'éviter la rencontre avec la personne dont on risque de devenir amoureux. Je n'ai pas du tout suivi ces conseils dans ma jeunesse. J'ai été terriblement amoureux vers l'âge de 35 ans et j'ai souffert pour rien parce que cette jeune femme ne m'aimait pas, ne s'intéressait pas à ce que je ressentais. Je lui ai écrit d'innombrables lettres auxquelles elle n'a jamais répondu et qu'elle a brûlées. J'aurais pourtant aimé lire aujourd'hui quelles sortes d'absurdités j'inventais en ce temps-là ! J'avais une imagination assez ardente, quoique sûrement innocente. Mais si je regrette un événement dans ma vie, c'est d'avoir été amoureux ainsi durant plusieurs années. Je marque ces années-là d'un trait noir. Je souffrais atrocement et j'ai été capable de gestes fous. Un soir d'hiver, je suis parti dans la montagne, recouverte d'une épaisse couche de neige, j'ai fait cinq ou six kilomètres à pied sur la voie de chemin de fer — c'était la voie d'un tortillard de montagne — uniquement pour aller poster une lettre… dont la destinataire se fichait éperdument. Je peux affirmer que j'ai l'expérience de ce qu'Épicure ainsi que Lucrèce condamnent avec raison dans la passion amoureuse.

Enfin, sont vains les désirs sociaux, ceux que l'on éprouve en se laissant capter par l'esprit des villes : désir des honneurs, de l'argent, de la gloire, de la notoriété, du pouvoir, etc. Le caractère de ces désirs est de créer, eux aussi, l'espoir du « toujours plus ». Un chevalier de la Légion d'honneur visera à être élevé au rang d'officier. S'il est officier, il voudra être grand officier, puis grand-croix, et s'impatientera de ne pas être encore commandeur… Moi, les honneurs et le pouvoir m'indiffèrent. Je n'ai pas même ambitionné d'entrer au conseil municipal d'Altillac… qui n'est pourtant pas n'importe quelle commune ! La richesse ? Toutes les fois où j'ai eu un peu plus d'argent que d'habitude, je m'en suis débarrassé rapidement. Je ne garde que ce qui me permet de surnager, sans avoir de découvert à la banque, sans dettes, et avec ce qu'il faut pour donner à mes petits-enfants, à mon fils, à mes voisins. Est-ce que j'accepterais la Légion d'honneur ? Oui, parce que mon père aurait été fier que je la reçoive. En 1936, il avait œuvré pour la fondation des

Mutuelles agricoles et il avait été fait chevalier du Mérite agricole. Ma tante avait affiché le diplôme dans la cuisine.

J'ai écrit un jour qu'Épicure était un bon conseiller pour la vieillesse mais que les stoïciens se révélaient meilleurs conseillers pour la jeunesse. En effet, la jeunesse est le moment de la volonté. Contrairement à ce que l'on croit, ce n'est pas l'âge de la distraction mais celui du travail : tout se décide dans les quelques années de l'adolescence et de la première jeunesse. Il faut donc consacrer beaucoup de temps à l'étude, au travail, à la décision de son avenir — un temps qu'il faut savoir concilier avec la pratique du sport et la jouissance du loisir car il ne s'agit pas de s'absorber uniquement dans le travail, comme moi-même je l'ai fait. La jeunesse, aussi joyeuse soit-elle et pourvu qu'elle le soit, n'est pas le moment de se laisser aller au goût du plaisir. C'est le moment d'apprendre la maîtrise de soi pour résister aux entraînements collectifs. C'est le moment d'oser ne pas être comme les autres à l'âge où le plaisir collectif et l'attirance pour la ressemblance sont si importants. L'homme doit autant que possible respecter les lois universelles de la vie et, pour cela, il doit être singulier, sinon, il est un homme collectif, produit et créé par l'éducation qu'il reçoit de son milieu, soit familial, soit social, ou de celui des copains. S'accorder à l'esprit d'une collectivité donne la satisfaction de la reconnaissance, une sorte de paix, et il faut une forme d'héroïsme pour briser cette relation et s'engager dans une voie singulière. D'où la nécessité d'acquérir la volonté stoïcienne.

La vieillesse, elle, est épicurienne parce qu'elle n'a plus que faire d'exister dans la société. C'est alors le moment de goûter la vie, de goûter le fait d'être en vie comme un bien inestimable. Je pense à ce que je n'ai pas encore compris et cela recouvre une immense quantité de domaines. Je ne me suis jamais cru immortel contrairement à la plupart des jeunes gens parce que, ma mère étant disparue alors que j'étais enfant, la mort a été ma compagne perpétuelle d'existence. Mais, au fur et à mesure que je me rapproche vraiment de la mort, le fait d'être encore de ce monde a un goût plus fort. Je goûte la vie comme jamais je ne l'ai goûtée. Et j'ai toujours autant de plaisir au travail.

DU MÊME AUTEUR

Grand Prix Moron de l'Académie française
pour l'ensemble de son œuvre

Essais

MONTAIGNE OU LA CONSCIENCE HEUREUSE, *Seghers*, 1964, 1966, 1970 ; *Mégare*, 1992 ; *PUF*, 2002, 2007, 2011, 2015.

LUCRÈCE ET L'EXPÉRIENCE, *Seghers*, 1967 ; *Mégare*, 1981, 1990, 1996 ; *Fides*, coll. « Noesis », 2003 ; *PUF*, 2011.

PYRRHON OU L'APPARENCE, *Mégare*, 1973 ; 2e éd. remaniée et augmentée, *PUF*, 1994.

ORIENTATION PHILOSOPHIQUE, *Mégare*, 1974 ; 2e éd. remaniée et augmentée, *PUF*, 1990, 1996 ; 3e éd. revue et augmentée, *Les Belles Lettres*, coll. « Encre Marine », 2011.

LA MORT ET LA PENSÉE, *Mégare*, 1974, 1975 ; *Cécile Defaut*, 2007.

ÉPICURE. LETTRES ET MAXIMES, *Mégare*, 1977 ; *PUF*, 1987, 1990, 1992, 1995, 1999, 2003, 2009.

TEMPS ET DESTIN, *Mégare*, 1980 ; 2e éd. augmentée, *PUF*, 1992, 1999.

LE FONDEMENT DE LA MORALE, *Mégare*, 1982, 1990 ; *PUF*, 1993, 1999, 2003.

HÉRACLITE. Fragments, *PUF*, 1986, 1987, 1991, 1998, 2003, 2011. Prix Langlois de l'Académie française.

MONTAIGNE ET LA PHILOSOPHIE, *Mégare*, 1987, 1992 ; *PUF*, 1996, 1999, 2003, 2007, 2011.

L'ALÉATOIRE, *Mégare*, 1989, 1990 ; 2e éd., *PUF*, 1999 ; 3e éd. augmentée, *Les Belles Lettres*, coll. « Encre Marine », 2012.

ANAXIMANDRE. Fragments et témoignages, *PUF*, 1991, 2004, 2009.

VIVRE ET PHILOSOPHER. Réponses aux questions de Lucile Laveggi, *PUF*, 1992, 1993, 1998 ; *Livre de Poche*, 2011.

PARMÉNIDE. LE POÈME. FRAGMENTS, *PUF*, 1996, 1999, 2004, 2009.

NIETZSCHE ET LE BOUDDHISME, *Encre Marine*, 1997, 2007, 2009.

ANALYSE DE L'AMOUR ET AUTRES SUJETS, *PUF*, 1997, 1998, 1999 ; *Livre de Poche*, 2011.

« ENTRETIEN AVEC SÉBASTIEN CHARLES », dans Sébastien Charles, La Philosophie française en questions. Entretiens avec André Comte-Sponville, Marcel Conche, Luc Ferry, Gilles Lipovetsky, Michel Onfray, Clément Rosset, *Livre de Poche*, 1999.

LE SENS DE LA PHILOSOPHIE, *Encre Marine*, 1999 ; 2e éd. revue et augmentée, 2003.

PRÉSENCE DE LA NATURE, *PUF*, 2001 ; 2e éd. augmentée, *PUF*, coll. « Quadrige », 2011.

LAO-TSEU, TAO TE KING, *PUF*, 2003, 2004, 2005, 2006, 2008, 2011.

CONFESSION D'UN PHILOSOPHE. Réponses à André Comte-Sponville, *Albin Michel*, 2003 ; *Livre de Poche*, 2003.

QUELLE PHILOSOPHIE POUR DEMAIN ?, *PUF*, 2003.

PHILOSOPHER À L'INFINI, *PUF*, 2005, 2006.

LA VOIE CERTAINE VERS « DIEU » OU L'ESPRIT DE LA RELIGION, *Les Cahiers de l'Égaré*, 2008.

LA LIBERTÉ, *Les Belles Lettres*, coll. « Encre Marine », 2011.

MÉTAPHYSIQUE, *PUF*, coll. « Quadrige », 2012.

SUR ÉPICURE, *Encre Marine*, 2014.

ULTIMES RÉFLEXIONS, *HDiffusion*, 2015.

PENSER ENCORE, *Encre Marine*, 2016.

Œuvres littéraires

MA VIE ANTÉRIEURE & LE DESTIN DE SOLITUDE, *Encre Marine*, 2003.

ESSAIS SUR HOMÈRE, *PUF*, 1999 ; *PUF*, coll. « Quadrige », 2003.

DE L'AMOUR. PENSÉES TROUVÉES DANS UN VIEUX CAHIER DE DESSIN, *Les Cahiers de l'Égaré*, 2003 ; *Cécile Defaut*, 2008.

HEIDEGGER PAR GROS TEMPS, *Les Cahiers de l'Égaré*, 2004.

AVEC DES « SI ». JOURNAL ÉTRANGE I, *PUF*, 2006, 2008, 2011.

OISIVETÉS. JOURNAL ÉTRANGE II, *PUF*, 2007.

NOMS. JOURNAL ÉTRANGE III, *PUF*, 2008.

DIVERSITÉS. JOURNAL ÉTRANGE IV, *Les Belles Lettres*, coll. « Encre Marine », 2009.

CORSICA. JOURNAL ÉTRANGE V, *PUF*, 2010, 2011.

LE SILENCE D'ÉMILIE, *Les Cahiers de l'Égaré*, 2010. Prix des Charmettes - Jean-Jacques Rousseau.

MA VIE (1922-1947). UN AMOUR SOUS L'OCCUPATION, *HDiffusion*, 2012.

ÉPICURE EN CORRÈZE, *Stock*, 2014, Folio n° 6149.

COLLECTION FOLIO

Dernières parutions

5902.	Junichirô Tanizaki	*Le pied de Fumiko* précédé de *La complainte de la sirène*
5903.	Ferdinand von Schirach	*Le hérisson* et autres nouvelles
5904.	Oscar Wilde	*Le millionnaire modèle* et autres contes
5905.	Stefan Zweig	*Découverte inopinée d'un vrai métier* suivi de *La vieille dette*
5906.	Franz Bartelt	*Le fémur de Rimbaud*
5907.	Thomas Bernhard	*Goethe se mheurt*
5908.	Chico Buarque	*Court-circuit*
5909.	Marie Darrieussecq	*Il faut beaucoup aimer les hommes*
5910.	Erri De Luca	*Un nuage comme tapis*
5911.	Philippe Djian	*Love Song*
5912.	Alain Finkielkraut	*L'identité malheureuse*
5913.	Tristan Garcia	*Faber. Le destructeur*
5915.	Thomas Gunzig	*Manuel de survie à l'usage des incapables*
5916.	Henri Pigaillem	*L'Histoire à la casserole. Dictionnaire historique de la gastronomie*
5917.	Michel Quint	*L'espoir d'aimer en chemin*
5918.	Jean-Christophe Rufin	*Le collier rouge*
5919.	Christian Bobin	*L'épuisement*
5920.	Collectif	*Waterloo. Acteurs, historiens, écrivains*
5921.	Santiago H. Amigorena	*Des jours que je n'ai pas oubliés*
5922.	Tahar Ben Jelloun	*L'ablation*
5923.	Tahar Ben Jelloun	*La réclusion solitaire*
5924.	Raphaël Confiant	*Le Bataillon créole (Guerre de 1914-1918)*

5925. Marc Dugain — *L'emprise*
5926. F. Scott Fitzgerald — *Tendre est la nuit*
5927. Pierre Jourde — *La première pierre*
5928. Jean-Patrick Manchette — *Journal (1966-1974)*
5929. Scholastique Mukasonga — *Ce que murmurent les collines. Nouvelles rwandaises*
5930. Timeri N. Murari — *Le Cricket Club des talibans*
5931. Arto Paasilinna — *Les mille et une gaffes de l'ange gardien Ariel Auvinen*
5932. Ricardo Piglia — *Pour Ida Brown*
5933. Louis-Bernard Robitaille — *Les Parisiens sont pires que vous ne le croyez*
5934. Jean Rolin — *Ormuz*
5935. Chimamanda Ngozi Adichie — *Nous sommes tous des féministes* suivi des *Marieuses*
5936. Victor Hugo — *Claude Gueux*
5937. Richard Bausch — *Paix*
5938. Alan Bennett — *La dame à la camionnette*
5939. Sophie Chauveau — *Noces de Charbon*
5940. Marcel Cohen — *Sur la scène intérieure*
5941. Hans Fallada — *Seul dans Berlin*
5942. Maylis de Kerangal — *Réparer les vivants*
5943. Mathieu Lindon — *Une vie pornographique*
5944. Farley Mowat — *Le bateau qui ne voulait pas flotter*
5945. Denis Podalydès — *Fuir Pénélope*
5946. Philippe Rahmy — *Béton armé*
5947. Danièle Sallenave — *Sibir. Moscou-Vladivostok*
5948. Sylvain Tesson — *S'abandonner à vivre*
5949. Voltaire — *Le Siècle de Louis XIV*
5950. Dôgen — *Instructions au cuisinier zen* suivi de *Propos de cuisiniers*
5951. Épictète — *Du contentement intérieur* et autres textes
5952. Fénelon — *Voyage dans l'île des plaisirs. Fables et histoires édifiantes*

5953. Meng zi	*Aller au bout de son cœur* précédé du *Philosophe Gaozi*
5954. Voltaire	*De l'horrible danger de la lecture et autres invitations à la tolérance*
5955. Cicéron	*« Le bonheur dépend de l'âme seule ». Tusculanes, livre V*
5956. Lao-tseu	*Tao-tö king*
5957. Marc Aurèle	*Pensées. Livres I-VI*
5958. Montaigne	*Sur l'oisiveté et autres essais en français moderne*
5959. Léonard de Vinci	*Prophéties* précédé de *Philosophie* et *Aphorismes*
5960. Alessandro Baricco	*Mr Gwyn*
5961. Jonathan Coe	*Expo 58*
5962. Catherine Cusset	*La blouse roumaine*
5963. Alain Jaubert	*Au bord de la mer violette*
5964. Karl Ove Knausgaard	*La mort d'un père*
5965. Marie-Renée Lavoie	*La petite et le vieux*
5966. Rosa Liksom	*Compartiment n° 6*
5967. Héléna Marienské	*Fantaisie-sarabande*
5968. Astrid Rosenfeld	*Le legs d'Adam*
5969. Sempé	*Un peu de Paris*
5970. Zadie Smith	*Ceux du Nord-Ouest*
5971. Michel Winock	*Flaubert*
5972. Jonathan Coe	*Les enfants de Longsbridge*
5973. Anonyme	*Pourquoi l'eau de mer est salée et autres contes de Corée*
5974. Honoré de Balzac	*Voyage de Paris à Java*
5975. Collectif	*Des mots et des lettres*
5976. Joseph Kessel	*Le paradis du Kilimandjaro et autres reportages*
5977. Jack London	*Une odyssée du Grand Nord*
5978. Thérèse d'Avila	*Livre de la vie*
5979. Iegor Gran	*L'ambition*

5980.	Sarah Quigley	*La symphonie de Leningrad*
5981.	Jean-Paul Didierlaurent	*Le liseur du 6h27*
5982.	Pascale Gautier	*Mercredi*
5983.	Valentine Goby	*Sept jours*
5984.	Hubert Haddad	*Palestine*
5985.	Jean Hatzfeld	*Englebert des collines*
5986.	Philipp Meyer	*Un arrière-goût de rouille*
5987.	Scholastique Mukasonga	*L'Iguifou*
5988.	Pef	*Ma guerre de cent ans*
5989.	Pierre Péju	*L'état du ciel*
5990.	Pierre Raufast	*La fractale des raviolis*
5991.	Yasmina Reza	*Dans la luge d'Arthur Schopenhauer*
5992.	Pef	*Petit éloge de la lecture*
5993.	Philippe Sollers	*Médium*
5994.	Thierry Bourcy	*Petit éloge du petit déjeuner*
5995.	Italo Calvino	*L'oncle aquatique*
5996.	Gérard de Nerval	*Le harem*
5997.	Georges Simenon	*L'Étoile du Nord*
5998.	William Styron	*Marriott le marine*
5999.	Anton Tchékhov	*Les groseilliers*
6000.	Yasmina Reza	*Adam Haberberg*
6001.	P'ou Song-ling	*La femme à la veste verte*
6002.	H. G. Wells	*Le cambriolage d'Hammerpond Park*
6003.	Dumas	*Le Château d'Eppstein*
6004.	Maupassant	*Les Prostituées*
6005.	Sophocle	*Œdipe roi*
6006.	Laura Alcoba	*Le bleu des abeilles*
6007.	Pierre Assouline	*Sigmaringen*
6008.	Yves Bichet	*L'homme qui marche*
6009.	Christian Bobin	*La grande vie*
6010.	Olivier Frébourg	*La grande nageuse*
6011.	Romain Gary	*Le sens de ma vie* (à paraître)
6012.	Perrine Leblanc	*Malabourg*
6013.	Ian McEwan	*Opération Sweet Tooth*

6014. Jean d'Ormesson	*Comme un chant d'espérance*
6015. Orhan Pamuk	*Cevdet Bey et ses fils*
6016. Ferdinand von Schirach	*L'affaire Collini*
6017. Israël Joshua Singer	*La famille Karnovski*
6018. Arto Paasilinna	*Hors-la-loi*
6019. Jean-Christophe Rufin	*Les enquêtes de Providence*
6020. Maître Eckart	*L'amour est fort comme la mort* et autres textes
6021. Gandhi	*La voie de la non-violence*
6022. François de La Rochefoucauld	*Maximes*
6023. Collectif	*Pieds nus sur la terre sacrée*
6024. Saâdi	*Le Jardin des Fruits*
6025. Ambroise Paré	*Des monstres et prodiges*
6026. Antoine Bello	*Roman américain*
6027. Italo Calvino	*Marcovaldo* (à paraître)
6028. Erri De Luca	*Le tort du soldat*
6029. Slobodan Despot	*Le miel*
6030. Arthur Dreyfus	*Histoire de ma sexualité*
6031. Claude Gutman	*La loi du retour*
6032. Milan Kundera	*La fête de l'insignifiance*
6033. J.M.G. Le Clezio	*Tempête* (à paraître)
6034. Philippe Labro	*« On a tiré sur le Président »*
6035. Jean-Noël Pancrazi	*Indétectable*
6036. Frédéric Roux	*La classe et les vertus*
6037. Jean-Jacques Schuhl	*Obsessions*
6038. Didier Daeninckx – Tignous	*Corvée de bois*
6039. Reza Aslan	*Le Zélote*
6040. Jane Austen	*Emma*
6041. Diderot	*Articles de l'Encyclopédie*
6042. Collectif	*Joyeux Noël*
6043. Tignous	*Tas de riches*
6044. Tignous	*Tas de pauvres*
6045. Posy Simmonds	*Literary Life*
6046. William Burroughs	*Le festin nu*

Composition Nord Compo
Impression Novoprint
à Barcelone, le 02 mai 2016
Dépôt légal : mai 2016
ISBN 978-2-07-046795-2/Imprimé en Espagne.

293737